Wildkräuter:
Lieblingskräuter – Lieblingsrezepte

Die Siefersheimer Kräuterhexen:
Christine Moebus, Christine Werner und Karin Mannsdörfer

Siefersheimer Kräuterhexen

Wildkräuter

Lieblingskräuter – Lieblingsrezepte

Herausgegeben von
Angelika Schulz-Parthu

LEINPFAD
VERLAG

Hinweis

Das vorliegende Buch ist sorgfältig erarbeitet worden. Dennoch erfolgen alle Angaben ohne Gewähr. Weder die Autorinnen noch der Verlag können für eventuelle Nachteile oder Schäden, die aus den im Buch enthaltenen Hinweisen resultieren, eine Haftung übernehmen.

2., überarbeitete Auflage Herbst 2012

Zeichnungen:
Käthe Rehbinder: S. 20, 26, 40, 52, 58, 70, 78, 84, 108, 116, 122, 128
Anne Kuprat: S. 34, 46
Sabine Kortenhaus: S. 12, 90, 96, 102, 134
Fotos:
David Hall: S. 44, 50, 54. 64, 74, 82, 88, 112, 114, 118, 126, 130
Wolfgang Fuhrmannek: S. 16, 36, 94, 100, 106, 136
Umschlag: kosa-design, Ingelheim
Satz: Leinpfad Verlag, Ingelheim
Druck: TZ-Verlag & Print GmbH, Roßdorf

ISBN 978-3-937782-55-3

Leinpfad Verlag, Leinpfad 5, 55218 Ingelheim,
Tel. 06132/8369, Fax: 896951
www.leinpfadverlag.com

Inhalt

* Alle Rezepte sind für vier Personen berechnet.

Einführung

Früher waren alle Kräuter wild. Dann kam der Mensch und begann, viele Kräuter einerseits für medizinische Zwecke und einige wenige Kräuter auch für Küche und Haushalt zu kultivieren. So entstand die Aufteilung in Heilpflanzen, Gartenkräuter und „Un-Kräuter". Natürlich gab es immer Menschen, die Wildkräuter kannten und sie schätzten. Und es gab Notzeiten, in denen man zwangsläufig lernte, Wildkräuter wieder in der Küche zu verwenden.

Vom neuen Interesse an Wildkräutern

In den letzten zwanzig Jahren gewannen die Wildkräuter stark an Ansehen. Die Gründe dafür sind ein neues Bewusstsein für die Umwelt und der wieder entdeckte Geschmack am Natürlichen. Und interessant geworden sind sie nicht nur für Alternative, also für Selbstversorger und Leute, die einen einfachen Lebensstil gewählt haben, oder für Vegetarier. Mittlerweile veröffentlichen Frauenzeitschriften im Frühjahr Rezepte für Brennnesselsuppe, Feinschmecker schwärmen von Spaghetti mit Breitwegerich und Räucherlachs, Spitzenrestaurants bieten Wildkräuter auf ihrer Karte an und es haben sich sogar schon etliche Gärtnereien auf ihren Anbau und Versand spezialisiert!

Vom Wert der Wildkräuter

„Wild"-Kräuter, die in Gärtnereien angebaut werden, – das deckt sich nicht mit dem Verständnis vom Wildkraut, wie es diesem Buch zugrunde liegt. Wenn hier von Wildkräutern gesprochen wird, dann sind damit alle nicht kultivierten, wild wachsenden Kräuter-, Obst- und Gemüsepflanzen gemeint.
Wildkräuter sind reich an Vitaminen und Mineralien und enthalten außerdem würzige ätherische Öle und appetitanregende Bitterstoffe. So liefern zum Beispiel 100 g Löwenzahn 7,8 mg Carotin (Vorstufe von Vitamin A), etwas Vitamin B_1 und B_2, 30 mg Vitamin C, 2 g Mineralstoffe, darunter Kieselsäure, Kalium, Magnesium, Kupfer und Zink und außerdem bemerkenswert viel Cholin, das ist ein Bitterstoff, der sich günstig auf die Leberfunktion auswirkt. Da kann kein Kopfsalat mithalten!
Und wenn man Wildkräuter nicht gerade neben viel befahrenen Straßen sammelt (siehe die Tipps weiter unten) und nur gesunde, gut gewachsene Pflanzen auswählt, kann man sicher sein, dass diese Wildkräuter relativ schadstoffarm sind und vollkommen ohne künstliche Anreicherung wie z. B. Dünger ihre idealen Lebensbedingungen gefunden haben.

Zum Konzept dieses Buches

Unser Wildkräuterbuch möchte den Einstieg in das Erkennen, Sammeln und Genießen – oder prosaischer: Verwenden – von Wildkräutern möglichst leicht machen.

Das Bestimmen der Pflanzen wird zum Beispiel durch ihre genaue Beschreibung am Anfang eines jeden Pflanzenporträts zusammen mit einer wissenschaftlich exakten Zeichnung auf der gegenüberliegenden Seite vereinfacht. Damit diese Pflanzenporträts nicht nur mit botanischer oder pharmazeutischer Vorbildung verstanden werden, gibt es möglichst viele Erklärungen. Bei der Auswahl und Formulierung der Rezepte haben wir uns ähnlich entschieden: Es sollten weder schwer erreichbare Zutaten verwandt werden, noch sollte auf die Ausstattung einer Profiküche bzw. eines Labors zurückgegriffen werden müssen. Schritt für Schritt erklären wir Ihnen, wie der Hefeteig für das Wildkräuterbrot gemacht wird oder wie man Holunderblüten für einen Tee trocknet.

Wichtige Hinweise zum Sammeln von Wildkräutern:

- Sammeln Sie nur diejenigen Pflanzen, die Sie zweifelsfrei erkennen. Wenn Sie unsicher sind, besorgen Sie sich ein Bestimmungsbuch und beobachten Sie verschiedene Wachstumsstadien und vor allem die Blüte. Oder fragen Sie Pflanzenkundige. Oder besuchen Sie ein Kräuterseminar, das von vielen Volkshochschulen angeboten wird. Oder buchen Sie eine Wildkräuterwanderung mit den Siefersheimer Kräuterhexen (siehe Seite 140)!
- Sammeln Sie nur an ungedüngten und hygienisch einwandfreien Plätzen. Meiden Sie also Straßenränder, Bahndämme, befahrene Forstwege, Schutt- oder Müllplätze, Felder, die gerade gespritzt wurden, oder Hundespazierwege u.ä.m.
- Berücksichtigen Sie beim Sammeln den Arten- und Naturschutz. Ernten Sie also einen Standort nicht vollständig ab, sondern lassen Sie einige Pflanzen stehen, damit diese weiterhin blühen und sich aussäen können.
- Verwenden Sie Wildkräuter mit Bedacht. Viele von ihnen sind auch Heilpflanzen und als solche in der Lage, in den Stoffwechsel einzugreifen und je nach Gesundheitszustand oder in der Schwangerschaft unerwünschte Nebenwirkungen zu zeigen. Unsere Pflanzenporträts und Rezepte haben wir sorgfältig prüfen lassen, können aber dennoch keine Verantwortung oder Haftung für die Verwendung von Wildkräutern übernehmen!

Tipps für den Umgang mit Wildkräutern:
Wann sammelt man am besten?

Die beste Sammelzeit für jedes Wildkraut ist sehr unterschiedlich. Sie ist auch für die jeweiligen Pflanzenteile eines Wildkrauts unterschiedlich; zum Beispiel werden die Blätter des Löwenzahns noch vor der Blüte gesammelt, die Blütenköpfchen je nach Verwendungszweck und die Wurzeln sowohl im Frühjahr wie im Herbst. Diese Angaben finden Sie für jedes Wildkraut in seinem Pflanzenporträt.

Die beste Tageszeit ist der Vormittag, wenn der Tau abgetrocknet ist. Kräuter, die Sie frisch verwenden wollen, sollten möglichst kurz vor der Verarbeitung geschnitten werden. Am besten nehmen Sie zum Sammeln weite Körbe; in Stoffbeuteln können die Pflanzen leicht gequetscht werden und in Plastikbeuteln bildet sich zu schnell Feuchtigkeit.

Wie trocknet man Wildkräuter?

Wenn Sie Wildkräuter zum Trocknen sammeln, dann sollten Sie diese vor dem Trocknen nicht waschen, sonst schimmeln sie leicht. Die Pflanzenstängel werden zu Sträußen gebunden und in einem trockenen, luftigen, aber staubarmen Raum mit den Stielen nach oben zum Trocknen aufgehängt. Nach dem Trocknen werden die Blätter von den Stängeln gestreift und in saubere, gut schließende Gefäße wie zum Beispiel Gläser – am besten dunkle – oder Keramikdosen gefüllt. Plastikgefäße sind nicht geeignet.

Blüten wie zum Beispiel Dostblüten werden auf Holzrahmen, die mit Stoff oder Fliegengitter bespannt sind, getrocknet. Alle Wildkräuter können Sie auch bei 35-50 Grad im Umluftherd trocknen.

Von Wurzeln wird die Erde locker abgeschüttelt, oder sie werden abgebürstet, dann – sofern es sich nicht um sehr feine Wurzeln handelt – der Länge nach halbiert oder in Scheiben geschnitten und im Umluftherd getrocknet.

Durch das Trocknen sinkt der Wassergehalt der Pflanzen von 85 auf 15% und ihr Aroma wird intensiver, deshalb kann man sie sparsamer dosieren. Grundsätzlich jedoch sind frische Pflanzen vorzuziehen.

Kann man Wildkräuter einfrieren?

Oft ist es praktisch, im Winter auf tiefgefrorene Wildkräuter zurückzugreifen, aber die Kräuter sehen nach dem Auftauen meistens etwas matschig aus. Die besten Erfahrungen habe ich gemacht, als ich die gehackten Kräuter mit etwas kaltem Wasser in einen Eiswürfelbehälter füllte und sie dann sofort tiefgefroren haben. Die unaufgetauten Kräutereiswürfel gebe ich direkt in die heißen Gerichte.

Vom Nutzen des Wildkräuter-Sammelns

Nach meinen Erfahrungen und Beobachtungen stehen beim Wildkräuter-Sammeln vier Aspekte im Vordergrund:
Erstens macht es Spaß, im Wechsel der Jahreszeiten zu ernten. Gerade weil wir heute zu jeder Jahreszeit praktisch jede Obst- oder Gemüsesorte kaufen können, ist es sehr befriedigend, sich bei der Ernte von Wildkräutern an den Jahreszeiten orientieren zu müssen. Manchmal braucht man mehrere Anläufe, um den genauen Zeitpunkt für das Schneiden von Holunderblüten im Mai oder das der Holunderbeeren im September herauszufinden.
Zweitens ist es sehr befriedigend, sich auf eine Küche der Selbstversorgung einzulassen. Man taut keinen tief gefrorenen Spinat auf, sondern sammelt vormittags die Brennnesseln, die mittags als Spinat auf den Tisch kommen. Durch das Kochen mit einheimischen Wildkräutern fühlt man sich sogar ein bisschen autark. Das Gleiche gilt für ein Schönheitsbad mit selbst gesammelten Dostblüten oder für das Einnehmen von Wegerichsirup bei Husten.
Drittens hat das Hinausgehen in die Natur und das Sammeln von Wildkräutern etwas sehr Meditatives; allein mit der Tätigkeit des Sammelns tut man sich Gutes.
Und viertens ist das Erkennen, Sammeln und Verwenden von Wildkräutern etwas sehr Kreatives: Man lässt sich damit bewusst auf Neues ein, sensibilisiert den Geschmack und kann beim Ausprobieren der Rezepte immer wieder experimentieren und variieren: mehr Schafgarbe oder lieber mehr Vogelmiere?

Angelika Schulz-Parthu

Bärlauch (Allium ursinum)
Familie der Lauchgewächse (Liliengewächse) (Alliaceae, Liliaceae)

Volksnamen: Waldknoblauch, Wilder Knoblauch, Bärenlauch, Wurmlauch, Hexenzwiebel, Ramsen
Beschreibung: Mehrjährige Pflanze mit länglicher, weißer Zwiebel, aus der zwei Blätter und der Blütenstängel direkt herauswachsen. Die Blätter sind lang gestielt und oval bis lanzettlich geformt, leuchtend grün und von fleischiger Konsistenz. Sie verströmen einen starken knoblauchartigen Geruch, besonders wenn man sie zerreibt. Zwischen ihnen steht ein aufrechter, etwas kantiger Stiel mit weißen, sternförmigen in einer Scheindolde angeordneten Blüten.
Standort: Liebt schattige und feuchte Standort mit humusreichem Laubwaldboden. An Bachufern, die durch dichte Wälder fließen, kann der Bärlauch große Flächen bedecken.
Inhaltsstoffe: Vitamin C, Mineralstoffe und Spurenelemente, ätherische Öle mit Schwefelverbindungen, Allicin, Glykoside.
Sammelzeit: Die jungen Blätter von März bis Mai bis zur Blüte.

Achtung: Die Wahrscheinlichkeit ist gering, doch beim Sammeln kann es passieren, dass man den Bärlauch mit dem giftigen Maiglöckchen verwechselt.
Wenn man aber die Blätter zerreibt, erkennt man den Bärlauch eindeutig, denn Maiglöckchenblätter riechen nicht nach Knoblauch.

Bärlauch war ebenso wie die Rauke bis in die 80er Jahre hinein ein fast vergessenes Kraut. Inzwischen sind beide zu richtige Modekräutern geworden: Auf Rezepte mit Bärlauch verzichtet im Frühjahr kein gutes Restaurant und längst kann man kultivierten Bärlauch auf den Märkten oder in Gemüsegeschäften kaufen.
Wie der Bärlauch zu seinem Namen kam, lässt sich nicht mehr eindeutig überprüfen. Weil die Bären und der Bärlauch zur gleichen Zeit aus dem Winterschlaf erwachen und beide Waldbewohner sind, stellten die Menschen wahrscheinlich einen Zusammenhang zwischen Tier und Pflanze her.
Bärlauch ähnelt in Geschmack und Geruch dem Knoblauch, ist jedoch etwas schärfer und lässt sich am besten frisch geerntet verwenden, da die Blätter schnell welken. Mit Wasser bespritzt und in einen Folienbeutel mit Luftlöchern gepackt, hält er sich

2 bis 3 Tage im Kühlschrank. Zum Trocknen und Tiefgefrieren eignet sich Bärlauch nicht, weil er an Aroma verliert.
Der feine Geschmack des Bärlauchs resultiert aus seinem Standort, da er im Gegensatz zu seinen „Geschwistern" Knoblauch, Zwiebel und Schnittlauch feuchte Plätze bevorzugt. Leidet Bärlauch unter Trockenheit, schmecken auch seine Blätter scharf.
Neben den Bärlauchblättern sind auch die Bärlauchzwiebeln und -blüten essbar. Meist erntet man von März bis Mai die Blätter, die man bodentief abschneidet. Sobald die Pflanzen blühen, schmecken sie zunehmend streng und werden derb.
Das Harzer Sprichwort „Ramsen im Mai, das ganze Jahr keine Arznei" zeugt von der Wertschätzung des Bärlauchs in der Volksmedizin. Sein schwefelhaltiges Öl entlastet Leber und Galle und unterstützt dadurch das Verdauen fetter Speisen. Er wirkt blutdruck- und cholesterinsenkend. Er desinfiziert und heilt Wunden, reinigt Nieren und Blase, entgiftet den Körper und lindert Husten und Erkältungen.

Die Verwendungsmöglichkeiten des Bärlauch stellen wir Ihnen auf den folgenden Seiten mit Rezepten für Bärlauch-Brotaufstrich, Kartoffelgratin mit Bärlauch, Bärlauch-Paste, Bärlauch-Pesto, Risotto mit Bärlauch, Bärlauch-Fladenbrot, Bärlauch-Gnocchi und einem Rauke-Bärlauch-Risotto (S. 92) vor.

Bärlauch-Brotaufstrich

100 g Bärlauchblätter
250 g Speisequark 40%
2 EL Schmand
1 TL Zitronensaft
Salz, Pfeffer
1 Prise Zucker
Senf

Den Quark mit Schmand, Zitronensaft und wenig Senf glatt rühren. Mit Zucker, Salz und Pfeffer abschmecken. Die fein gehackten Bärlauchblätter untermischen.

Tipp: Der Bärlauch-Brotaufstrich ist auf frischem Roggenbrot ein Hochgenuss!

Der Kartoffelgratin mit Bärlauch ist zusammen mit einem Blattsalat ein wunderbares Frühlingsessen.

Kartoffelgratin mit Bärlauch

100 g Bärlauchblätter
1 kg Kartoffeln
750 g Sahne
1 Knoblauchzehe
1 EL Butter
Salz, Pfeffer, Muskatnuss

Bärlauchblätter waschen, trockenschleudern und klein schneiden. Die geschälten und in feine Scheiben geschnittenen Kartoffeln mit den Bärlauchblättern vermischen, mit Salz, Pfeffer und Muskatnuss würzen und in eine gebutterte mit Knoblauch ausgeriebenen Auflaufform geben. Sahne darüber gießen, und den Gratin im vorgeheizten Backofen bei 220 Grad (Gas Stufe 3-4, Umluft 200 Grad) 30-40 Minuten backen.

Tipp: Kann auch mit Käse überbacken werden.

Mit unserer Bärlauchpaste können Sie anstelle von Knoblauch jedes Gericht würzen.

Bärlauch-Paste

200 g Bärlauchblätter
2 TL Salz
200 ml Sonnenblumenöl

Bärlauchblätter waschen und trockenschleudern. Anschließend die Blätter in der Küchenmaschine oder mit dem Schneidstab zerkleinern. Danach die pürierten Blätter in einer Schüssel gut mit Salz und Öl verrühren. Die Bärlauchpaste in Gläser mit Schraubdeckel füllen und kühl und dunkel aufbewahren.
Bärlauchpaste ist bis zu einem Jahr haltbar.

Eines der besten Bärlauchrezepte: Spaghetti mit Bärlauch-Pesto und gehobeltem Parmesan.

Bärlauchpesto nimmt man wie das aus Basilikum gemacht Pesto zu Nudelgerichten oder auch als Brotaufstrich – schmeckt fantastisch auf geröstetem Ciabatta mit Tomatenscheiben!

Bärlauch-Pesto

100 g Bärlauchblätter
40 g Pinienkerne
ca. 120 ml Olivenöl
Salz
Pfeffer
125 g geriebener Parmesan

Bärlauchblätter und Pinienkerne mit dem Schneidstab zerkleinern. Während des Pürierens so viel Olivenöl zugießen bis eine glatte Creme entstanden ist, zum Schluss den geriebenen Parmesan unterrühren; das Pesto mit Salz und Pfeffer abschmecken. Das Pesto im Kühlschrank aufbewahren; es sollte innerhalb von 5-7 Tagen aufgebraucht werden.

Warmes Bärlauch-Fladenbrot mit Butter – einfach und traumhaft lecker!

Bärlauch-Fladenbrot

100 g Bärlauchpaste (Rezept s. S. 15) oder
200 g frische Bärlauchblätter
500 g Mehl
1 Würfel Hefe
1 TL Honig
1 TL Salz
250 ml Wasser

Wasser, Hefe, Honig, Salz und die klein geschnittenen Bärlauchblätter vermischen. Alles zum Mehl geben und kräftig verkneten. Den Teig mindestens 15 Minuten ruhen lassen und nochmals kneten. Danach den Teig in eine flache, runde Brotlaibform formen und 1 Stunde gehen lassen (kann auch länger sein). Das Brot im vorgeheizten Backofen bei 175 Grad (Gas Stufe 3, Umluft 160 Grad) ca. 40 Minuten backen.

Risotto mit Bärlauch

300 g Risottoreis
50 g Butter
1 l Gemüsebrühe
1/2 Zwiebel
80 g Parmesan, gerieben
1 1/2 EL Bärlauchpaste (Rezept s. S. 15)
Salz

Die Zwiebel fein hacken und in 2/3 der Butter bei milder Hitze in einem Topf anschwitzen. Den Reis dazugeben und unter ständigem Rühren glasig werden lassen. Nach wenigen Minuten einige Schöpfkellen heiße Gemüsebrühe darüber gießen. Nach und nach und unter ständigem Rühren die restliche Brühe angießen bis der Reis körnig gegart ist. Kurz bevor er vom Herd genommen wird, die Bärlauchpaste, den Parmesan und die restliche Butter untermischen.

Tipp: Anstelle von Risottoreis können Sie dieses Rezept auch mit Natur- und Wildreis zu gleichen Teilen gemischt zubereiten.

Das Lieblings-Gnocchi-Rezept unserer Herausgeberin!

Bärlauch-Gnocchi mit Tomatensauce

Für die Gnocchi:
500 g Speisequark
40 g Bärlauch
150 g Mehl
1 Ei
2 Eigelb
1/2 TL Salz, Pfeffer, Muskatnuss
Für die Tomatensauce:
1 Gemüsezwiebel
1 EL Öl
1 Dose Tomaten
getrockneter Thymian
Salz, Pfeffer

Quark in eine Schüssel geben. Bärlauch abspülen, trockenschleudern und hacken; alle Gnocchi-Zutaten vermischen und 1 Stunde kühl stellen.
Für die Tomatensauce die Zwiebel schälen, würfeln und in dem Olivenöl anbraten. Die abgetropften Dosentomaten zusammen mit den Gewürzen dazugeben und die Sauce ca. 30 Minuten einkochen lassen.
Aus dem Gnocchi-Teig auf einer bemehlten Arbeitsfläche ca. fingerdicke Rollen formen, diese dann in etwa 2 cm dicke Stücke schneiden und portionsweise in Salzwasser etwa 5 Minuten kochen lassen, bis sie an der Oberfläche schwimmen. Die Gnocchi aus dem Wasser heben, abtropfen lassen und im Backofen warm stellen.
Auf der Tomantensauce servieren.

Tipp: Dieses Rezept schmeckt auch mit Rauke oder Quendel anstelle von Bärlauch. Die Gnocchi können auch mit Käse überbacken werden.

Beifuß (Artemisia vulgaris)
Familie der Korbblütler (Compositae oder Asteraceae)

Volksnamen: Besenkraut, Gürtlerkraut, Mugwurz, Schosswurz, Sonnenwendgürtel.
Beschreibung: 90-150 cm hohe Pflanze. Der Stängel ist ästig, oft rot überlaufen. Die Blätter sind ähnlich der Gartenaster, ihre Unterseite ist weißfilzig. Die Köpfchen mit den unscheinbaren, grünlich-weißlichen Blüten stehen in rispigen Blütenständen. Nahe Verwandte des Gewöhnlichen Beifußes sind Wermut (Artemisia absinthium) mit beiderseits weißfilzigen und Estragon (Artemisia dracunculus) mit kahlen, fast ungeteilten Blättern.
Standort: Ödland, Ufer, Wiesen, Wege.
Inhaltsstoffe: Bitterstoffe, Cineol, Thujon.
Sammelzeit: Die blühenden Spitzen im Juli/August.

Der Beifuß ist heute praktisch nur noch als Gänsebratengewürz bekannt. Dabei ist der Beifuß in seinem ganzen riesigen Verbreitungsgebiet von altersher ein Symbol für die Abwehr alles Bösen. Beim Tanz um das Johannisfeuer beispielsweise wurde der Beifuß als Sonnwendgürtel getragen und anschließend ins Feuer als dem reinigenden Element geworfen, damit man von allem Unheil und aller Krankheit befreit werde. Die Römern wiederum glaubten, dass der Beifuß, am Fuß getragen, die Unversehrtheit und Ausdauer von Reisenden gewährleisten könne. Man hat darauf auch den deutschen Namen bezogen, doch bedeutet dieser eher „zerstoßene Beigabe" und nimmt auf die Verwendung als Gewürz Bezug.
In dem sogenannten „Neunkräuterzauber", einem angelsächsischen Zaubersegen, der im 11. Jahrhundert aufgeschrieben wurde, steht er als „mucgwyrt" an erster Stelle und es heißt dort:
„Erinnere du dich, Beifuß, was du verkündest,
Was du anordnest in feierlicher Kundgebung,
Una heißt du als ältestes der Kräuter;
Du hast Macht gegen drei und gegen dreißig,
Du hast Macht gegen Gift und gegen Ansteckung,
Du hast Macht gegen das Übel, das über das Land hinfährt."
Das ätherische Öl Thujon im Beifuß macht ihn zu einem Mittel mit wurmtötenden, toxischen, psychedelischen (euphorischen, tranceähnlichen), abortiven, narkotischen und antidotischen (als Gegengift) Wirkungen. In der Volksmedizin wird er in dieser Verwendung schon lange eingesetzt, näm-

lich bei Appetitmangel, bei Magen- und Darmkrämpfen, zur Förderung der normalen Monatsblutung, bei epilepsieartigen Verkrampfungen und bei Schlafproblemen. Schwangere sollten den Beifuß wegen seiner abtreibenden Wirkung jedoch nicht verwenden. Ethnobotaniker gehen sogar davon aus, dass die Frauen der Cheyenne-Indianer mit ihm eine Art Geburtenregelung betrieben.

Die Verwendungsmöglichkeiten des Beifußes stellen wir Ihnen auf den folgenden Seiten mit Rezepten für Beifuß-Räucherung, eine Martinsgans, ein Beifuß-Kräutersalz, Ente mit Orangen-Beifuß-Sauce und für einen Beifuß-Aperitif vor.

Tipp: „Dicke Luft" in Wohnräumen vertreibt man am besten mit Beifußrauch.

Reinigende Beifuß-Räucherung

Beifuß-Triebspitzen, getrocknet
1 Tonschale, gefüllt mit Sand
glühende Holzkohle oder Räucherkohle

Die glühende Holzkohle wird auf den Sand in der Tonschale gelegt. Darauf gibt man den getrockneten Beifuß.
Einfacher geht es mit einem Aromaofen, den zum Beispiel die Firma Manufactum anbietet.

Beschwipste Martins-Gans *

1 küchenfertige Gans (etwa 3,5 kg)
3-4 Äpfel
4 EL Calvados
4 Zweige Beifuß
Salz, Pfeffer
Soßenbinder
Dekoration: 1 Apfel, möglichst frische Beifußblätter

Die Äpfel waschen, erst vierteln und entkernen, dann in Scheiben schneiden und mit dem Calvados beträufeln. Die Blätter von den Beifußzweigen streifen und fein hacken. Die Gans abspülen, trockentupfen und von innen und außen mit Salz, Pfeffer und ca. einem Viertel der gehackten Kräuter einreiben. Die Calvados-Äpfel mit dem restlichen Beifuß in das Innere der Gans geben und die Öffnung zunähen. Die Fettpfanne mit 1 l Wasser füllen und den Backofen vorheizen. Die Gans mit dem Rücken nach oben auf einem Rost über der Fettpfanne in den Ofen schieben und bei 250 Grad (Umluft 220 Grad, Gas Stufe 5) etwa 20 Minuten braten. Die Hitze dann auf 175 Grad (Umluft 150 Grad, Gas Stufe 3) reduzieren und die Gans eine weitere Stunde braten. Danach die Hitze auf 200 Grad (Umluft 170 Grad, Gas Stufe 3) erhöhen, die Gans umdrehen und eine weitere Stunde braten.
Die Gans ab und zu mit den Bratensatz übergießen. 10 Minuten vor Beendigung der Bratzeit die Gans mit kaltem Salzwasser bestreichen. Gleichzeitig die Fettpfanne herausnehmen und den Bratensatz durch ein Sieb gießen. Entfetten und in einem kleinen Topf aufkochen, mit Salz und Pfeffer abschmecken und eventuell mit Soßenbinder binden. Einen Apfel waschen, vierteln, entkernen und in Spalten schneiden; die frischen Beifußblätter waschen und trockenschütteln.
Die Gans mit Apfelspalten und frischen Beifußblättern garnieren und mit der Soße servieren.

***Tipp:** Die Gans ist gar, wenn sich die Keulen mühelos vom Rumpf lösen lassen.*

* Gänsebraten gab es früher nur für reiche und mächtige Leute, denn Gänse gehörten zu den Zinsabgaben der Bauern an ihre weltlichen und geistlichen Herren, die immer zum 11.11., dem Martinstag, fällig wurden. So kam auch die Martinsgans zu ihrem Namen. Der 11.11. ist heute in der Landwirtschaft immer noch als Pachttermin erhalten.

Beifuß-Kräutersalz

100 g Meersalz
25 g Beifußtriebspitzen, getrocknet
25 g Dostblüten, getrocknet
50 g Schafgarbenblätter, getrocknet

Die trocknen Kräuter zwischen den Fingern fein zerreiben, zum Meersalz geben und alles in einem Mörser zerstoßen.
Das fertige Kräutersalz bewahrt man am besten in einem dunklen Schraubglas auf.
Es wird bei fetten, schwer verdaulichen Speisen verwandt.

Unser Beifuß-Aperitif wirkt verdauungsfördernd und appetitanregend.

Beifuß-Aperitif

2 trockene Beifußzweige mit Blütenständen
0,7 l Südwein (süßer Sherry, Samos, Malaga o. ä.)

Die ganzen Beifußzweige in einem genügend großen Glasgefäß mit dem Südwein übergießen. Die Flasche 2-3 Tage auf einer sonnigen Fensterbank stehen lassen, täglich umschwenken. Danach den Beifuß-Südwein filtrieren und kühl lagern.

Ente mit Orangen-Beifuß-Sauce

1 Ente (ca. 1,5-2 kg)
2 Orangen
1 Stängel Beifuß (frisch oder getrocknet)
Salz
Pfeffer
1 Möhre
1 Zwiebel
1 kleines Stück Sellerie
1 Tomate
500 ml Rotwein
1 EL Sonnenblumenöl

Hals und Flügel der Ente entfernen und mit den Innereien beiseite legen. Die Ente waschen, trockentupfen, innen und außen salzen und pfeffern. Zusammen mit 200 ml Wasser in einen Bräter geben und im vorgeheizten Ofen bei 200 Grad (Gas Stufe 3-4, Umluft 180 Grad) 1,5 Stunden braten.
In der Zwischenzeit alle beiseite gelegten Ententeile in einer Pfanne in Öl anbraten. Das klein geschnittene Gemüse dazugeben und kurz mitrösten. Mit Rotwein ablöschen und den Beifußstängel hinzufügen. Den Sud auf die Hälfte einkochen lassen. Flügel, Hals und Beifuß aus dem Fond nehmen und warm stellen; den Fond mit dem Gemüse und den Innereien in einem Mixer fein pürieren und ebenfalls warm halten. Kurz bevor die Ente gar ist, werden die Orangen filetiert. Die Orangenfilets in die Sauce geben, noch einmal aufkochen und zur Ente servieren.

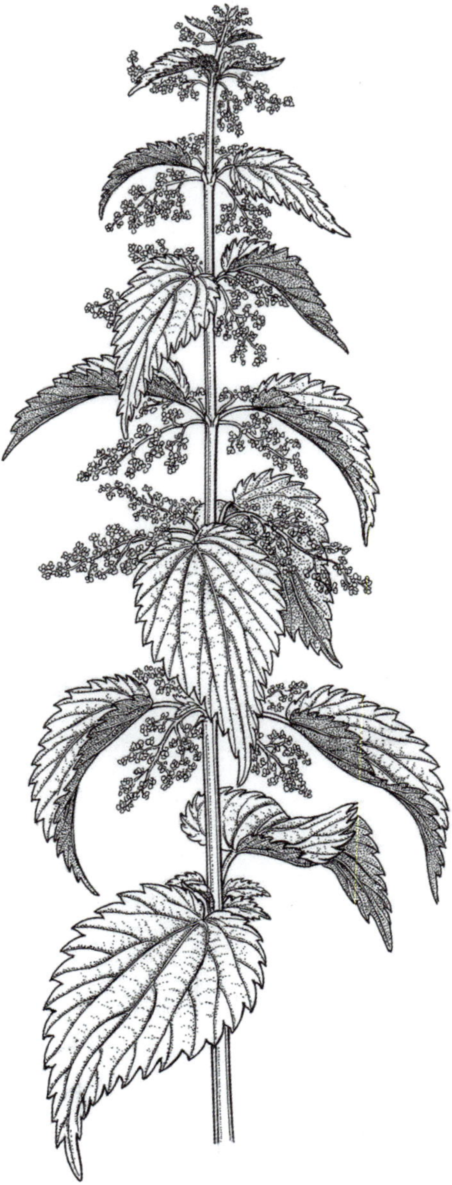

Große Brennnessel (Urtica dioica)
Familie der Nesselgewächse (Urticaceae)

VOLKSNAMEN: Brennkraut, Donnerwurzel, Hanfnessel, Saunessel, Eselskraut.
BESCHREIBUNG: Ausdauernde Staude von 30-150 cm Höhe. Zweihäusige Pflanze, Blätter gegenständig, ei- bis herzförmig, grob gezähnt. Die ganze Pflanze trägt Brennhaare.
Auch die Kleine Brennnessel (Urtica urens) kann gesammelt werden: Sie ist einjährig, nur 10-40 cm hoch, die Blätter sind meist eiförmig. Die Pflanze ist einhäusig und wächst auf Äckern und in Gärten. Sie lässt sich ebenfalls als Wildgemüse und gegen Rheumatismus verwenden.
STANDORT: Wegränder, Schuttplätze, auf stickstoffreichen Böden, überall dort, wo Menschen sind.
INHALTSSTOFFE: Kieselsäure, Vitamin C, Mineralsalze; in den Brennhaaren unter anderem hautreizende Stoffe wie Histamin, Acetylcholin, Ameisensäure.
SAMMELZEIT: Im Mai und Juni die hellgrünen Blätter, im Frühjahr oder Herbst die Wurzeln und im September und Oktober die Samen.

Der lateinische Gattungsname Urtica bedeutet „die Brennende". Wenn der Brennnessel im Volksglauben die Kraft zugewiesen wurde, bösen Zauber fern zu halten, dann hatte das mit ihrer Brennwirkung zu tun. Denn sie schien der Sitz eines Dämons zu sein, weil sie brannte, ohne dass man auf den ersten Blick sehen konnte, weshalb. Das liegt an den farblosen Brennhaaren, die bei der geringsten Berührung abbrechen. Ihre verkieselte Spitze verursacht eine kleine Stichwunde, in die der schmerzhafte Saft spritzt. Die Volksmedizin benutzte diese Brennfähigkeit der Brennnessel bei Rheuma und Gicht, indem die Haut mit frischen Brennnesseln gepeitscht wurde. Dadurch wird die Haut gereizt, besser durchblutet, der Schmerz wird gelindert. Brennnesseltee (Rezept s. Seite 31) wirkt harntreibend, blutreinigend und anregend auf den gesamten Stoffwechsel.
Der Geschmack der Brennnessel wird als kräftig-krautig, als zartbitter und herb beschrieben. In der Küche werden die jungen hellgrünen Blätter als Spinat, Suppe oder Salat zubereitet.
Ein besonders wertvoller Bestandteil der Brennnessel ist der Samen. Er enthält Mineralien, Vitamine und Pflanzenhormone,

stärkt die Abwehrkräfte und hilft bei chronischer Müdigkeit und Leistungsschwäche. Ein netter Nebeneffekt des Brennnesselsamens ist, dass er eine schöne Haut macht. Früher gaben clevere Pferdehändler ihren schlecht aussehenden Tieren Brennnesselsamen zu fressen, damit ihr Fell stärker glänzte.
In der Haarpflege wird die Brennnessel ebenfalls verwendet. Sie stärkt und durchblutet den Haarboden, kräftigt die Haare und verhindert Haarausfall.
Leider zählt die Brennnessel zu den stickstoffliebenden Pflanzen. Den überschüssigen Stickstoff verwandelt sie in Nitrat und deponiert ihn als Vorrat in ihren Blättern. Deshalb sollten wirklich nur die ganz jungen Blätter gesammelt werden.
Die Brennnessel ist zum Geheimtipp unter Feinschmeckern geworden. Am besten eignen sich die Blätter der jungen Brennnesselpflanzen im Frühjahr. Wir können die Brennnessel aber auch bis weit in das Spätjahr hinein verwenden, wir sammeln dann nur noch die oberen, hellgrünen Triebspitzen. Handschuhe bei der Ernte nicht vergessen! Wie Spinat fallen die Brennnesseln beim Kochen stark zusammen. Vor dem Verarbeiten die Blätter von den Stängeln zupfen und waschen. Keine Angst! Brennnesselblätter verlieren ihre „brennenden" Eigenschaften durch das Erhitzen.

Die Verwendungsmöglichkeiten der Großen Brennnessel stellen wir Ihnen auf den folgenden Seiten mit Rezepten für eine Brennnessel-Suppe, Brennnessel-Haarwasser, Brennnessel-Blattspinat, Brennnessel-Chips, Brennnessel-Tee, Brennnesselsamen, eine Haferflockensuppe und ein Kräuterbrot vor. Weitere Rezepte mit der Großen Brennnessel finden Sie auf Seite 73 (Grüne Sauce), 127 (Hexenpower), 104 (Sauerampfer-Suppe), 107 (Sauerampfer-Käse-Quiche) und 132 (Béchamelsauce).

Brennnessel-Suppe

4 Hände voll Brennnesselblätter
1 EL Mehl
1 EL Butter
1/4 l Milch
1 Knoblauchzehe
Muskat, Salz, Pfeffer
1 TL Zitronensaft
4 TL geriebener Käse

Die gewaschenen Brennnesselblätter in ca. 3/4 l kochendem Wasser blanchieren. Die Masse zusammen mit dem Wasser mit dem Schneidstab pürieren. Die Butter schmelzen, das Mehl darin anschwitzen und mit der Milch unter ständigem Rühren ablöschen, das Brennnesselmus unterrühren und noch einmal aufkochen. Mit den Gewürzen abschmecken und mit geriebenem Käse bestreut servieren.

Brennnesselhaarwasser pflegt den Haarboden.

Brennnessel-Haarwasser

20 g frische Brennnesselblätter
200 ml Alkohol (70%ig)
20 ml Alkohol (96%ig)
80 ml destilliertes Wasser

Zuerst bereitet man eine Tinktur: Die Brennnesselblätter werden im Mörser zerrieben und mit dem 70%igem Alkohol übergossen. Diesen Ansatz füllt man in ein verschließbares Gefäß und lässt ihn 5 Tage bei Zimmertemperatur ziehen; das Gefäß mehrmals täglich schütteln. Am 6. Tag wird der Ansatz abgeseiht und durch ein Filterpapier geklärt.
Für das Haarwasser benötigt man 20 ml dieser Brennnesseltinktur, 80 ml destilliertes Wasser und 20 ml 96%igen Alkohol. Tinktur, Alkohol und Wasser in eine Flasche geben und schütteln.
Dieses Haarwasser soll morgens und abends in die Kopfhaut einmassiert werden.

Brennnessel-Blattspinat

800 g Brennnesselblätter
3 EL Butter
2 Zwiebeln, gewürfelt
1 Knoblauchzehe
Salz, Pfeffer, Muskat

Die gewaschenen Brennnesselblätter in wenig Wasser kurz blanchieren. Die Butter zerlassen, die Zwiebelwürfel und die durchgepresste Knoblauchzehe darin andünsten und die blanchierten Brennnesselblätter zufügen. Mit Salz, Pfeffer und Muskatnuss abschmecken.

Die Brennnessel-Chips schmecken toll und sind eine originelle Dekoration (s. Foto S. 54).

Brennnessel-Chips

junge, mittelgroße Brennnesselblätter
Frittierfett
Meersalz

Die Brennnesselblätter zwischen zwei Küchentücher legen und mit einem Nudelholz platt walzen. In heißem Frittierfett kurz ausbacken. Vorsichtig herausnehmen und auf Küchenkrepp abtropfen lassen. Leicht salzen.

Brennnessel-Tee

1 gehäuften EL getrocknete Brennnesselblätter mit 1/4 l kochendem Wasser übergießen und 10 Minuten ziehen lassen, dann abseihen.
Von dem Tee morgens und abends über einen Zeitraum von 4 bis 8 Wochen je eine Tasse trinken.

Hexentipp: *Wir Siefersheimer Kräuterhexen sind der Meinung, dass Frühjahrsmüdigkeit, Allergien und allgemeines Unwohlsein durch eine reinigende Brennnesselteekur gelindert, vielleicht sogar behoben werden können.*

Brennnesselsamen stärken das Immunsystem und helfen bei Müdigkeit und Leistungsschwäche.

Brennnesselsamen

Brennnesselsamen werden im Herbst gesammelt und getrocknet; man kann sie bis zur nächsten Ernte aufheben. Man isst 1-2 Teelöffel am Tag im Müsli, über den Salat gestreut oder auf dem Butterbrot.

Diese Suppe geht superschnell und ist bei unseren Kindern heiß begehrt!

Haferflockensuppe mit traditionellen Mehlklößchen

4 EL Haferflocken
100 g Butter
1 l Gemüsebrühe
1 EL Tomatenmark
Salz, Pfeffer
1 Ei
2 EL gehackte Schafgarbe
1 Hand voll Brennnessel (ersatzweise Weißer Gänsefuß)
ca. 5 EL Mehl
Salz, Pfeffer, Muskatnuss

Die Haferflocken werden in der Hälfte der Butter goldgelb angeröstet und mit der Gemüsebrühe abgelöscht. Das Tomatenmark einrühren und mit Salz und Pfeffer abschmecken. Nach kurzem Aufkochen lassen wir die Suppe auf kleinster Stufe auf dem Herd.
In einer feuerfesten Schüssel oder in einem kleinen Topf die restliche Butter für die Mehlklößchen schmelzen, den Behälter vom Herd nehmen und die Gewürze, das Ei und die gehackte Schafgarbe dazugeben und die Klößchen mit Mehl abbinden. Mit zwei nassen Teelöffeln kleine Nocken abstechen und in die Suppe setzen. Nach ca. 5 Minuten, wenn die Klößchen obenauf schwimmen, die Brennnesseln dazugeben, kurz aufkochen und sofort servieren.

Tipp: *Die Mehlklößchen passen auch sehr gut in Gemüsesuppen.*

Buntes Kräuterbrot

500 g Mehl
1 Würfel Hefe
1 TL Zucker
1 TL Salz
250 ml Milch
5 EL Olivenöl
125 g geriebener Käse
150 g Salami am Stück
1 Zwiebel
1 Knoblauchzehe
1 Hand voll Wildkräuter (zum Beispiel Brennnessel, Löwenzahn, Schafgarbe u.ä.)

Salami und Zwiebel würfeln, die Zwiebelwürfel in wenig Olivenöl andünsten, die Knoblauchzehe durchpressen, die Wildkräuter waschen und hacken.
Hefe und Zucker in der leicht erwärmten Milch verrühren; das Mehl, die Hefemilch und das restliche Öl zuerst mit den Knethaken des Handrührers, danach mit den Händen zu einem glatten Teig verkneten, zu einer Kugel formen und an einem warmen Ort abgedeckt etwa 30 Minuten gehen lassen. Danach die weiteren Zutaten gründlich unterkneten und nochmals kurz gehen lassen. Den Teig in zwei gefettete Kastenformen geben und bei 230 Grad (Gas Stufe 4, Umluft 200 Grad) ca. 35 Minuten backen.
Das Brot lässt sich sehr gut einfrieren und schmeckt auch hervorragend zu Kräuterquark.

Vegetarischer Tipp: *Ersetzen Sie die Salami durch 150 g gehackte Walnüsse!*

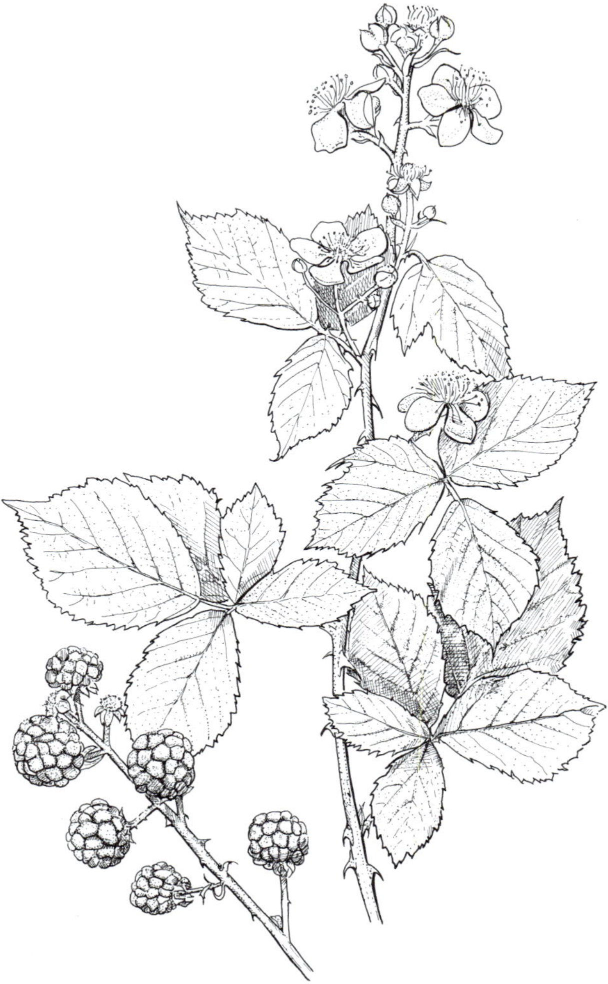

Brombeere (Rubus fruticosus)
Familie der Rosengewächse (Rosaceae)

Volksnamen: Frombeere, Hirschbollen, Kratzbeere, Muin, Feldschwarzbeere, Murbeer.
Beschreibung: Mehrjährige 50 cm bis 2 m hohe Heckenpflanze; die Ausläufer sind verschlungen und sehr dornig, die Blätter sind grob gezähnt. Die weißen bis zartrosa gefärbten Blüten bilden einen traubigen Blütenstand, die Sammelfrucht besteht aus vielen dunkelrot bis schwarzen Steinfrüchten.
Standort: ehr häufig an Waldrändern, Gebüschen, Heiden, Äckern, Schuttplätzen, Bahndämmen und in Gärten.
Inhaltsstoffe: Gerbstoffe, Vitamin C, Mineralstoffe besonders Kalium, Oxalsäure.
Sammelzeit: Blätter April-Oktober, Früchte August-Oktober

Ein altes Märchen aus dem Norden Frankreichs erzählt die Geschichte einer sehr großzügigen Wirtsfamilie, die es ihren Gästen erlaubte, ständig die Zechen anschreiben zu lassen. Nach einigen Jahren verarmte die gutmütige Familie und stand vor dem Ruin. Eine Fee verwandelte die Wirtsleute in eine dichte Brombeerhecke. So konnten sie alle säumigen Zecher festhalten, bis diese ihre Schulden bezahlt hatten ...
Schon in der Steinzeit gehörte die Brombeerhecke zur natürlichen Abgrenzung der gerodeten Flächen und damit zu einer Art Schutzwall vor wilden Tieren und vor Feinden. Neben dieser schützenden Funktion galten Brombeerranken aber auch als wahres Zaubermittel. Man musste nur unter ihnen durchkriechen und schon war man seine Furunkel los oder den Husten und gegen Ehestreitigkeiten sollte es auch helfen!
Ähnlich vielfältig sieht die Volksmedizin die Wirkungsweise der Brombeere und setzt sie bei Durchfall, Heiserkeit, Halsweh, Zahnfleischentzündung oder bei Hautproblemen ein. In der Schulmedizin wird sie wegen ihres Gerbstoffgehaltes als Adstringens bei leichten Durchfallerkrankungen eingesetzt.
In der Kosmetik verwendete man früher den Saft der reifen Brombeere zum Färben der Haut und Lippen. Damals wie heute gilt die Frucht als wichtiger Vitamin C-Spender. In der Küche werden die Brombeeren entweder frisch, in Form von Marmelade oder – kernlos – als Gelee und Saft verwendet.

Die Verwendungsmöglichkeiten der Brombeere stellen wir Ihnen auf den folgenden Seiten mit Rezepten für Brombeer-Kuchen, Schwarzen und Grünen Brombeer-Tee und Brombeer-Apfel-Chutney vor.

Brombeeren auf einem Hefeteig, übergossen mit einer Sahnecreme.

Brombeerkuchen

Für den Teig:

200 g Weizenmehl
20 g Hefe
40 g Zucker
1/8 l Milch
1 Prise Salz
4 EL ÖL

Für die Füllung:

500 g Brombeeren

Für die Creme:

1 Ei
1 EL Zucker
1/2 Becher saure Sahne
1 Päckchen Vanillezucker
2 EL Sahne

Das Mehl in eine Schüssel geben, in die Mitte eine Mulde drücken. Die Hefe in die Mulde krümeln. Die Milch mit dem Zucker leicht erwärmen und über die Hefe gießen. Die Hefe in der Milch auflösen, dann von der Mitte aus mit den restliche Teigzutaten zu einem glatten Teig verarbeiten. Den Hefeteig gehen lassen, bis er sein Volumen verdoppelt hat, dann ausrollen und in eine gefettete Pie-Form legen. Einen Rand hochziehen und die gewaschenen, abgetropften Brombeeren auf dem Teigboden verteilen. Alle Zutaten für die Creme miteinander verrühren und über die Brombeeren geben. Bei 200 Grad (Gas Stufe 3, Umluft 180 Grad) im vorgeheizten Backofen ca. 30 Minuten backen.
Den Brombeerkuchen mit Schlagsahne servieren.

Schwarzer und Grüner Brombeer-Tee

Brombeerblätter sammelt man zum Fermentieren und für Heiltees in der Zeit von März bis Mai.
Für einen Schwarzen Tee werden die Blätter mit einem Nudelholz gewalkt. Damit wird das Blattgewebe verletzt und der Saft wird etwas herausgedrückt. Nun besprengt man die Blätter mit etwas Wasser. Danach werden die Blätter in ein Leinensäckchen gegeben und in die Sonne gehängt. Es dauert bei warmem Wetter keine zwei Tage bis sich ein angenehmes Aroma entwickelt hat. Die Blätter herausnehmen und bei 50 bis 100 Grad im Backofen trocknen. Die Brombeerblätter sind nun fermentiert, und man hat jetzt einen Schwarzen Tee.
Grünen Brombeerblätter-Tee erhält man, wenn die Brombeerblätter an einem luftigen Ort getrocknet werden (z. B. einen Speicher).
Für einen Tee übergießt man 2 gehäufte TL Brombeerblätter mit 1/4 l kochendem Wasser, lässt 15 Minuten ziehen und seiht dann ab.

Brombeer-Apfel-Chutney schmeckt zu Wildgerichten, kaltem Fleisch und zur Käseplatte und ganz besonders gut zu Blauschimmelkäse.

Brombeer-Apfel-Chutney

200 g Brombeeren
350 g Äpfel, in kleine Stücke geschnitten
1/8 l Apfelsaft
3 EL Balsamico-Essig
1 EL Zitronensaft
1/2 TL Salz
2 EL Rotwein
1 Prise Zucker

Die gewaschenen, abgetropften Brombeeren und die Apfelstücke zusammen mit den übrigen Zutaten im Apfelsaft weich kochen und noch heiß in saubere Gläser füllen.

Brombeer-„Saft"

1 kg Brombeeren, zerquetscht
1/2 l Weingeist
1/2 l Korn
3/4 l Wasser
700 g Zucker

Die Brombeeren mit dem Weingeist und dem Korn in eine Flasche füllen, die Flasche verkorken und drei Wochen lang an einem kühlen und dunklen Ort ziehen lassen. Anschließend wird dieser Ansatz durch ein feuchtes Leinentuch geseiht. Zur Fertigstellung kocht man den Fruchtrückstand mit 1/2 l Wasser einmal auf, seiht das Ganze durch ein Tuch und kocht den gewonnen Saft mit der angegebenen Zuckermenge und dem restlichen Wasser 5 Minuten. Danach gießt man die Flüssigkeit sogleich zum Alkohol und seiht das Ganze nochmal durch ein feuchtes Tuch. Der stark alkoholisierte Brombeer-„Saft" wird in Flaschen gefüllt und gut verkorkt.

Dost (Origanum vulgare)
Familie der Lippenblütler (Labiatae oder Lamiaceae)

Volksnamen: Wilder Majoran, Oregano, Wohlgemut.
Beschreibung: Mehrjährige 30-60 cm große Pflanze. Die Blätter sind kreuzgegenständig, eiförmig, spitz; die Blütenstände rispig-trugdoldig.
Standort: Auf trockenem, kalkhaltigem Untergrund, in Gebüschen, an Waldrändern und Wegrainen.
Inhaltsstoffe: Gerbstoffe, ätherische Öle wie z.B. Thymol und Karvakrol.
Sammelzeit: Die blühenden Sprossspitzen von Juni bis August.

Wer den Dost riecht, denkt sofort an die italienische Küche, an aromatische Tomatensaucen oder an Pizza. Denn das italienische Gewürz Oregano ist nichts anderes als eine aromatische Spielart unseres einheimischen Dostes.
Dost wird wegen dieser ätherischen Öle, aber auch wegen seiner Gerb- und Bitterstoffe bei Erkrankungen im Magen- und Darmkanal angewandt; außerdem ist er wegen seiner schleimlösenden Wirkung ein häufiger Bestandteil von Hustentees. Für einen Magen- oder Hustentee nimmt man einen gehäuften Esslöffel Dostkraut, der mit 1/4 Liter kochendem Wasser übergossen wird, lässt ihn 20 Minuten ziehen und gießt ihn dann ab.
In der Küche wird Dost hauptsächlich als Gewürz gebraucht. Seinen starken ätherischen Ölen verdankt der Dost wohl auch seinen Ruf als Pflanze, die bösen Zauber abwehren kann. In zahlreichen Sagen bewahrt der Dost, oft zusammen mit Dorant, einer anderen zauberabwehrenden Pflanze, einen Menschen, meist eine Wöchnerin, vor einem bösen Geist, so dass dieser voller Zorn ausruft: „Hättest du nicht Dorant und Dosten, tät's dich dein Leben kosten!"

Die Verwendungsmöglichkeiten des Dosts stellen wir Ihnen auf den folgenden Seiten mit Rezepten für Insalata Caprese nach Art der Siefersheimer Kräuterhexen, Cremige Dostkartoffeln, Dost-Zucker, ein Dost-Schönheitsbad, Kräuter-Hamburger und Dostwein und auf Seite 24 (Beifuß-Kräutersalz) sowie Seite 95 (Rauke trifft Schaf) vor.

Vielleicht versuchen Sie auch einmal das Basilikum im „Insalata Caprese" durch Dostblättchen zu ersetzen – ein ganz neues Geschmackserlebnis!

Insalata Caprese nach Art der Siefersheimer Kräuterhexen

4 vollreife Tomaten
200 g Mozzarella
Olivenöl
Salz, Pfeffer
frische Dostblättchen

Die gewaschenen Tomaten und der Mozzarella werden in Scheiben geschnitten, auf vier Teller verteilt, mit Salz und Pfeffer gewürzt, mit Olivenöl beträufelt und mit den Dostblättchen bestreut.

Cremige Dostkartoffeln

1 kg festkochende Kartoffeln
1 Zwiebel
100 g Dörrfleisch
50 g Butterschmalz
2 EL Mehl
250 ml Gemüsebrühe
250 ml Milch
Salz, Pfeffer
2 EL frische Dostblätter
Salz, Pfeffer
100 ml Crème fraîche

Kartoffeln kochen, schälen und in Scheiben schneiden. Zwiebeln und Dörrfleisch würfeln und in Butterschmalz glasig dünsten. Mehl zugeben und anschwitzen. Mit der Brühe und mit Milch unter ständigem Rühren ablöschen. Den Dost zufügen und bei geringer Hitze ca. 15 Minuten köcheln lassen. Mit Salz und Pfeffer abschmecken und Crème fraîche unterziehen. Die Kartoffelscheiben in der Sauce erhitzen.

Kuchen und Desserts bekommen mit Dostzucker ein einzigartiges Aroma.

Duftender Dostzucker

Knospen und Blüten vom Dost
Zucker

Die Dostknospen und -blüten werden fein gehackt und in ein Glas mit Zucker gegeben. Das Glas wird geschüttelt, damit sich die Masse vermischen kann. Dann stellt man das Glas einen Tag lang in die Sonne.

Dost-Schönheitsbad

Eine Hand voll getrockneter Dostblüten mit einem Liter kochendem Wasser übergießen, 10 Minuten ziehen lassen, abseihen. Dieser so gewonnene Infus wird dem Badewasser zugegeben. Das wirkt stimulierend, reinigend und desodorierend.

Tipp: Bei trockener Haut gibt man einen Schuss Jojoba-Öl ins Badewasser.

Dost, Vogelmiere und Schafgarbe geben dem Kräuter-Hamburger seinen würzigen Geschmack.

Kräuter-Hamburger

1 Toastscheibe
4 EL Milch
1 Handvoll Dost, Vogelmiere, Schafgarbe
500 g gemischtes Hackfleisch
1 kleine Zwiebel
1 Ei
Salz, Pfeffer, Muskatnuss
2 EL Sonnenblumenöl

Die Toastscheibe in der Milch einweichen. Die Kräuter waschen und sehr klein hacken. Das Hackfleisch, den Toast, die Kräuter, die gewürfelte Zwiebel, das Ei und die Gewürze zu einem Fleischteig verarbeiten. Die Kräuter-Hamburger formen und von jeder Seite etwa 6 Minuten in Öl braten.

Die natürlichen Eigenschaften des Dosts wirken regulierend auf den Verdauungsprozess. Aus diesem Grund setzen wir vor großen Festen im Sommer diesen ebenso heilsamen wie leckeren Dostwein an und reichen ihn gerne als Aperitif. Der Weißwein nimmt dabei das leuchtende Rot der Dostblüte an.

Dostwein

125 g frische blühende Sprossspitzen vom Dost
1 l milder Weißwein

Den gewaschenen Dost in die Flasche mit dem Wein geben und gut verschließen. Nach 5 Tagen abseihen. Kühl lagern und innerhalb von 14 Tagen verbrauchen.

Gänseblümchen (Bellis perennis)
Familie der Korbblütler (Compositae oder Asteraceae)

Volksnamen: Märzblume, Gänseliese, Gänsekraut, Tausendschön, Mädchenblume, Maßliebchen.
Beschreibung: Die grundständige Rosette mit eiförmigen, am Rand etwas gekerbten Blättern umgibt die bis zu 15 cm hohen Blütenstängel. Die Blütenköpfchen bestehen außen aus einem Kranz mit weißen, auf der Unterseite oft mit rötlichen Strahlen und inneren gelben Röhrenblüten, die zu einem scheibenförmigen Gebilde zusammengefasst sind.
Standort: Auf jeder Wiese, bevorzugt auf nährstoffreichen Böden.
Inhaltsstoffe: Bitterstoffe, Gerbsäure, Saponine, Schleimstoffe.
Sammelzeit: März–November

Er liebt mich, er liebt mich nicht – dieses Fragespiel wird von Kindern und Verliebten seit Jahrhunderten gespielt.
Merkwürdigerweise wurden im 18. Jahrhundert verschiedene Verordnungen erlassen, um das harmlose Gänseblümchen auszurotten. Man glaubte, dass die Pflanze abtreibend wirke, was jedoch nicht zutrifft. Glücklicherweise ist sie nicht ausgerottet worden.
Schon in alten Kräuterbüchern wird das Gänseblümchen erwähnt. Die Blätter sind zart und eignen sich sehr gut als Zutat zu Salaten, die man gleichzeitig mit den Blütenköpfchen verzieren kann. Die Knospen lassen sich wie Kapern in Essig einlegen.
In der Volksmedizin wird das Gänseblümchen wegen seiner schleimlösenden, adstringierenden, blutreinigenden, stoff-wechselanregenden, mild abführenden sowie leicht schmerz- und krampfstillenden Wirkung geschätzt. Für einen Tee übergießt man 2 TL Gänseblümchenblüten und -blätter mit einem 1/4 l kochendem Wasser und seiht nach 10 Minuten ab.
Wie ein Kinderlied sagt, gehen Gänseblümchen am Abend schlafen: Die weißen Zungenblüten wölben sich über die gelben Röhrenblüten, so dass das Blütenkörbchen verschlossen ist. Wegen dieser beschützenden Haltung gelten die Gänseblümchen auch als Symbol für die Mutterliebe.

Die Verwendungsmöglichkeiten des Gänseblümchens stellen wir Ihnen auf den folgenden Seiten mit Rezepten für eine Gänseblümchen-Kindersuppe, zwei Gänseblümchen-Salate, Gänseblümchen-Sorbet und Kapern aus Gänseblümchen vor.

Hexen-Tipp:
Selbst dann, wenn Sie einmal sehr viele Gänseblümchen gesammelt haben sollten: Verzichten Sie auf einen nur aus Gänseblümchen bestehenden Salat – er wirkt enorm schweißtreibend!

Gänseblümchen-Kindersuppe

250 g Karotten
50 Gänseblümchenblättchen
20 g Butter
1 EL Löwenzahnhonig
2 EL Duftreis, fein gemahlen, oder Kartoffelstärke
600 ml Gemüsebrühe
1 Eigelb
100 ml Sahne
Salz, Pfeffer
50 Gänseblümchenblüten

Die Karotten putzen und klein reiben. Gänseblümchenblätter klein schneiden und beides in Butter andünsten. Honig und den gemahlenen Reis dazugeben und kurz mitdünsten. Mit der Gemüsebrühe ablöschen und unter Rühren 5 Minuten köcheln lassen. 1/2 Schöpfkelle der Suppe in eine Schüssel geben und mit dem Eigelb und der Sahne verquirlen. Unter Rühren wieder in die Suppe geben und abschließend mit Salz und Pfeffer abschmecken. Die Suppenteller mit den Gänseblümchen garniert servieren.

Blumenstrauß-Salat

1 Kopfsalat
1 Apfel
3 Handvoll Blüten, je nach Jahreszeit, z. B.: Gänseblümchen, Taubnessel, Löwenzahn, Rotklee, Johanniskraut
1 EL Kräuteressig
2 EL Sonnenblumenöl
2 EL Apfelsaft
Salz, Pfeffer

Salat waschen und trockenschleudern, den Apfel in kleine Stücke schneiden. Salat, Blüten und Apfel miteinander vermischen. Aus Essig, Öl, Apfelsaft, Salz und Pfeffer eine Marinade zubereiten und vorsichtig über den Salat geben.

Gänseblümchen-Rapunzelsalat mit Orangenfilets

Für den Salat:
2 Tassen Gänseblümchenblätter
2 Handvoll Rapunzeln
20 Gänseblümchenblüten
20 Orangenfilets
1 EL geröstete Mandelblättchen
Für die Sauce:
1 Becher Joghurt
Salz
Pfeffer
Saft 1 Orange

Die gewaschenen Gänseblümchen- und Rapunzelblätter vermischen. Mit den Orangenfilets und den Gänseblümchen belegen und die Mandelblättchen darüberstreuen. Alle Zutaten für die Sauce verrühren und vor dem Servieren darüberträufeln.

Ein ungewöhnliches Dessert: Gänseblümchenblätter werden für dieses Sorbet feingehackt, mit den Blüten wird dekoriert.

Gänseblümchen-Sorbet

200 ml Mineralwasser
200 ml Weißwein (z. B. Silvaner)
125 g Zucker
Saft einer Zitrone
50 Gänseblümchenblätter
2 Eiweiß
20-30 Gänseblümchenblüten
1 Flasche Winzersekt

Mineralwasser, Wein und 100 g Zucker in einem Topf aufkochen und auf die Hälfte reduzieren. Nach dem Abkühlen den Zitronensaft zufügen. Die Gänseblümchenblätter klein schneiden. Eiweiß mit dem restlichen Zucker steif schlagen. Den Eischnee mit den Gänseblümchenblättern mischen, die reduzierte Flüssigkeit langsam unter Rühren zufügen und das Sorbet ins Gefrierfach stellen. 10 Minuten vor dem Servieren aus dem Kühlfach nehmen. Portionsweise in Sektschalen füllen, Gänseblümchenblüten dazugeben und mit Winzersekt auffüllen.

Unsere „falschen" Kapern aus Gänseblümchen haben einen nussartigen Geschmack.

Kapern aus Gänseblümchen

Knospen vom Gänseblümchen
Kräuteressig
1 Frühlingszwiebel, fein gewürfelt

Die Knospen gut waschen und trocken schleudern, in ein verschließbares Glas geben und mit einem milden Kräuteressig übergießen. Eine klein geschnittene Frühlingszwiebel dazugeben. Diesen Ansatz ca. 2 Wochen warm stehen lassen. Danach kühl aufbewahren.

Weißer Gänsefuß (Chenopodium album)
Familie der Gänsefußgewächse (Chenopodiaceae)

VOLKSNAMEN: Wilder Spinat, Schissmell, Mehlkraut.
BESCHREIBUNG: Einjährige, sehr unterschiedlich hohe Pflanze (10 cm – 2 m), Stängel aufrecht oder aufsteigend und flach gekantet. Die Blätter sind eiförmig oder spitz lanzettlich, 1,5 – 10 cm breit und 2 – 12 cm lang, grob und unterschiedlich gezähnt bis gelappt. Die Pflanze ist meist mehr oder weniger mehlig bestäubt. Die Blütenknäuel sind klein und grünlich und stehen in rispigen Blütenständen; die Blütezeit dauert von Juli bis September.
Die Verwechslung mit anderen Gänsefußarten ist unbedeutend, weil diese ebenfalls essbar sind. Mit einer Ausnahme: Der sehr seltene „Stinkende Gänsefuß" (lat. Chenopodium vulvaria) ist ungenießbar, glücklicherweise aber auch leicht zu erkennen, denn er riecht intensiv und widerlich nach Hering.
STANDORT: Auf Schuttplätzen, Äckern, Brachland, an Wegen und Zäunen und in Gärten; sehr oft in Massen.
INHALTSSTOFFE: Vitamin C und Mineralstoffe.
SAMMELZEIT: Die Blätter und die zarten Stiele vom Frühjahr bis zum ersten Herbstfrost.

Wegen seiner Häufigkeit und Vielseitigkeit zählt der Weiße Gänsefuß zu den wichtigsten Wildgemüsepflanzen. Verwandt ist er ist mit einem uralten Gemüse, der Melde. Die Samen des Gänsefußes – die Produktion einer Pflanze übertrifft leicht 10 000 Stück – wurden früher gemahlen und in Notzeiten dem Brotteig beigemischt, denn immerhin enthalten sie bis zu 40% Stärke, bis zu 13% Eiweiß und bis zu 4% Öl. Die verdauungsfördernde Wirkung des Gänsefußsamens hat der Pflanze im Volksmund den Namen „Schissmell" eingebracht.
Gartenbesitzerinnen und -besitzer kennen den Weißen Gänsefuß sicherlich eher als äußerst lästiges „Unkraut". Wenn Sie ihn einmal als Spinat gegessen haben, sehen Sie ihn wahrscheinlich mit ganz anderen Augen!

Die Verwendungsmöglichkeiten des Weißen Gänsefußes stellen wir Ihnen auf den folgenden Seiten mit Rezepten für Gänsefuß-Gnocchi, Schrotküchlein mit Aioli, Gänsefuß-Omlett und Unkraut-Pfannkuchen vor. Weitere Rezepte mit Weißem Gänsefuß finden Sie auf den Seiten 32 (Haferflockensuppe), 73 (Grüne Sauce) und 132 (Béchamelsauce).

Gänsefuß-Gnocchi bestehen aus einem leichten Quarkteig und werden kurz mit Parmesan überbacken. Dekoriert haben wir sie hier mit Brennnessel-Chips (Rezept s. Seite 30).

Gänsefuß-Gnocchi mit Parmesan

400 g Gänsefußblätter
1 kleine Zwiebel
80 g Butter
100 g Magerquark
2 Eier
80 g geriebener Parmesan
1 Prise Muskatnuss
Salz, Pfeffer
150 g Mehl

Die Gänsefußblätter waschen und mit wenig Wasser erhitzen, bis sie zusammenfallen; abseihen und klein schneiden. Die Zwiebel in feine Würfel schneiden und mit etwas Butter glasig dünsten. Den Gänsefuß untermischen und abkühlen lassen. Quark, Gänsefuß, Eier und die Hälfte des Parmesans mischen, salzen, pfeffern und mit Muskatnuss würzen. Das Mehl langsam einarbeiten und eventuell nachwürzen. Wasser zum Kochen bringen, salzen und mit Hilfe von 2 Esslöffeln Klößchen ausstechen und ins heiße Wasser geben. Bei geringer Wärme die Klöße so lange ziehen lassen, bis sie obenauf schwimmen, mit dem Schaumlöffel herausnehmen und abtropfen lassen. Die restliche Butter zerlassen und zusammen mit den Klößchen im 180 Grad (Gas Stufe 3, Umluft 165 Grad) heißen Ofen 5 Minuten überbacken. Danach sofort mit dem restlichen Käse bestreuen und servieren.

Schrotküchlein mit Aioli

200 g Dinkel, fein geschrotet
200-250 ml Gemüsebrühe
2-3 Schalotten
6 EL Öl
2 Eier
4 Hände voll frischer Weißer Gänsefuß (oder Vogelmiere, Löwenzahn, Schafgarbe, Brennnessel)
2 EL Sonnenblumenkerne
2 EL geriebener Käse (z. B. Gouda)
Muskatnuss, Salz, Pfeffer
Haferflocken zum Binden

Den Dinkelschrot in der warmen Gemüsebrühe ca. 1/2 Stunde ausquellen lassen; die Brühe sollte vollständig aufgenommen sein. In der Zwischenzeit den Weißen Gänsefuß waschen und klein schneiden, die Schalotten fein würfeln. Die Schalotten in einer Pfanne mit 2 EL Öl andünsten, den Weißen Gänsefuß dazugegeben und ca. 5 Minuten weiterdünsten. Den gequollenen Dinkelschrot mit den Eiern, den Sonnenblumenkernen, dem geriebenen Käse und der Schalotten-Gänsefuß-Mischung gut verrühren und mit Muskatnuss, Salz und Pfeffer abschmecken. Die Masse, falls nötig, mit Haferflocken binden. Mit den Händen gleich große Küchlein formen und sie in dem restlichen heißen Öl von beiden Seiten je ca. 5 Minuten braten.

Aioli (Knoblauchmayonnaise)

3 Knoblauchzehen
1 Eigelb
1 TL Senf
Salz, Pfeffer
1/4 l Olivenöl
1 TL Zitronensaft
(Ei und Öl sollten Zimmertemperatur haben)

Knoblauchzehen schälen und zerdrücken, Eigelb, Senf, Salz und Pfeffer zugeben und verrühren. Zum Schluss wird unter ständigem Rühren das Öl hinzugegeben und solange weitergerührt, bis die Masse cremig ist.

Deftiges Gänsefußomelett

200 g Gänsefußblätter
8 Eier
100 ml Sahne
Salz, Pfeffer
40 g Butter
6 Scheiben Bauernbrot
1 Knoblauchzehe
Kräuter und Blüten der Saison

Den Gänsefuß waschen und klein schneiden. Die Eier zusammen mit Sahne, Salz und Pfeffer aufschlagen und den Gänsefuß beifügen. Die Butter in einer großen beschichteten Pfanne erhitzen und aus der Masse ein Omelett backen.
Die Bauernbrotscheiben halbieren und im Toaster rösten, anschließend mit der Knoblauchzehe einreiben. Das Omelett auf dem getoasteten Brot mit den Kräutern und Blüten anrichten und servieren.

Unkraut-Pfannkuchen

600 g Wildkräuter: Weißer Gänsefuß, Kleeblätter, Sauerampfer und Vogelmiere
150 g Mehl
350 ml Milch
3 Eier
2 Zwiebeln
2 TL Öl
Salz, Pfeffer, Muskatnuss
1 EL Butter

Die Wildkräuter waschen und trockenschleudern. Mehl, Milch, Eier glatt rühren und salzen; 30 Minuten quellen lassen. Zwiebeln und Wildkräuter klein hacken und bei mittlerer Hitze in 1 EL Butter dünsten. Mit Muskatnuss, Salz und Pfeffer abschmecken. Eine zweite Pfanne mit Öl auspinseln und eine Suppenkelle voll Teig hineingeben; den Pfannkuchen erst von der einen Seite backen, dann wenden. Danach mit einem Viertel der Kräutermischung füllen, zusammenfalten und warm stellen. Aus dem restlichen Teig weitere Pfannkuchen backen.

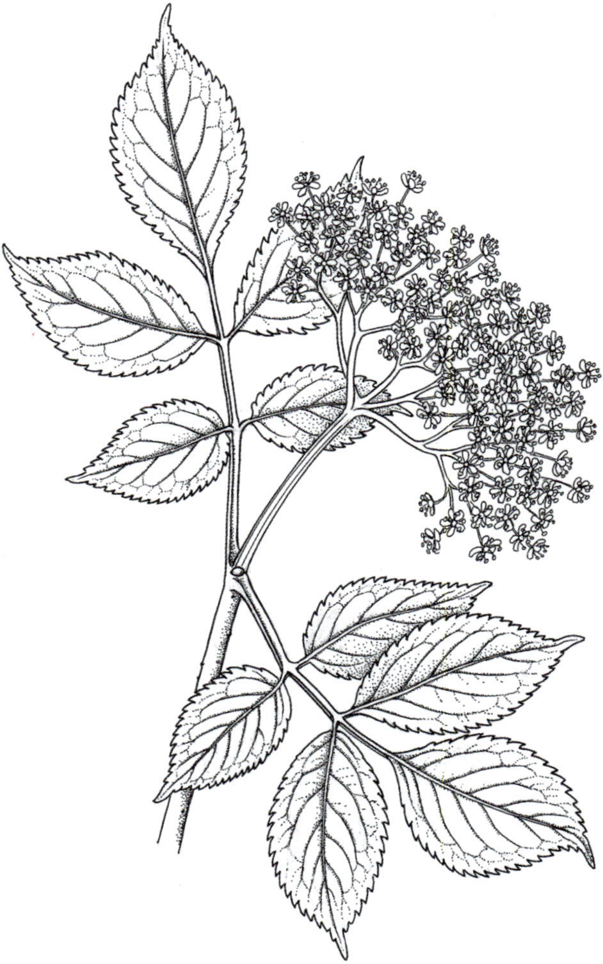

Schwarzer Holunder (Sambucus nigra)
Familie der Geißblattgewächse (Caprifoliaceae)

VOLKSNAMEN: Holler, Holder, Schwitztee, Frau Holle.
BESCHREIBUNG: Der Holunder ist ein ästiger Strauch, der 3 bis 7 m hoch wird. Die Äste mit charakteristischem weißen Mark sind gegenständig angeordnet; die Blätter unpaarig gefiedert und riechen beim Zerreiben unangenehm. Die Blüten sind gelblichweiß und stehen in flach-doldigen Blütenständen. Im Spätsommer reifen schwarzviolette kleine Steinfrüchte („Beeren").
STANDORT: An Wald- und Wegrändern, in Gärten.
INHALTSSTOFFE: In den Blüten: ätherische Öle, Flavonoide, Rutin, Gerbstoffe; in den „Beeren": Flavonglykoside, Sambucin, ätherische Öle, Fruchtsäuren, Vitamin C.
SAMMELZEIT: Für die Blüten von Mai bis Juli, für die Früchte von August bis Oktober.

Der Holunder ist in der Volksmedizin eine der beliebtesten und vielseitigsten Heilpflanzen und wird tatsächlich schon seit der Steinzeit verwendet: Man nutzte ihn geradezu als lebende Hausapotheke. Auch deshalb gehörte der Holunderbusch früher zu jedem Bauernhof und stand meistens neben den Stallungen oder dem Wohnhaus. Man glaubte, dass die beschützenden Hausgeister darin wohnten.
Weil abgeschlagene Holunderbüsche so schnell wieder austreiben, wurde der Holunder zu einem Symbol der Wiedergeburt. In Norddeutschland war es früher zum Beispiel üblich, dass der Kutscher eines Leichenwagens statt einer Peitsche einen Holunderstecken in der Hand hatte. Dieses Symbol der Wiedergeburt nutzte man auch ganz praktisch: In Kriegszeiten vergrub man Wertsachen wie Schmuck und Gold unter einem Holunderbusch und hackte dessen oberirdische Teile anschließend ab. Bei der Rückkehr von der Flucht hatte der Holunder wieder ausgetrieben und man wusste genau, wo man zu suchen hatte.
Die Holunderblüten haben schweißtreibende Wirkung und werden bei Erkältungskrankheiten als Tee getrunken, außerdem wirken sie harntreibend und bei Hautunreinheiten als Blutreinigungsmittel. Daneben schmecken sie sehr gut: Man kann sie in Pfannkuchenteig ausbacken, aus ihnen Blütensirup, Sekt oder Marmelade herstellen.
Aus den reifen, sehr vitaminreichen Beeren bereitet man einen

Saft oder ein Mus gegen Husten und Erkältungskrankheiten. Achtung! Holunderbeeren dürfen nur ganz reif geerntet werden und müssen immer gekocht werden, weil sie in rohem Zustand ein Blausäureglykosid enthalten, das Brechreiz hervorrufen kann.

Die Verwendungsmöglichkeiten des Holunders stellen wir Ihnen auf den folgenden Seiten mit Rezepten für Erkältungstrunk, Hollerküchlein, Holunderblütensirup, Holunderblüten-Mousse, Holunderblütentee, Holunderschnaps und Holundergelee vor. Ein weiteres Rezept mit Holunder finden Sie auf der Seite 98 (Taubnessel-Creme auf Holundersirup).

Erkältungstrunk nach Hexenart

1 TL getrocknete Holunderblüten
1 TL getrocknete Schafgarbe
1/2 TL getrockneter Thymian
1 Prise Cayennepfeffer

Die Kräuter werden mit kochendem Wasser übergossen. Zehn Minuten ziehen lassen, abseihen, den Cayennepfeffer einrühren und den Tee so heiß wie möglich trinken. Bei Bedarf mit Löwenzahnhonig süßen.

Ein altmodisches, fast vergessenes Rezept sind die ausgebackenen Holunderblüten. Dabei ist es ein einfaches und preiswertes Rezept und ein wunderbarer Nachtisch im Monat Mai!

Hollerküchlein

10 ganz aufgeblühte Holunderblütendolden
200 g Mehl
2 EL Öl
2 Eier
300 ml Bier
30 g Zucker
1 Prise Salz
Fett zum Ausbacken
Puderzucker

Die Blütendolden vorsichtig ausschütteln, damit möglicherweise vorhandene Insekten herausfallen. Für den Teig Mehl, Öl, Eier, Bier, Zucker und Salz verrühren; den Teig 30 Minuten ausquellen lassen. Die Blütendolden in den Teig tauchen und in heißem Fett ein bis zwei Minuten goldgelb ausbacken und auf Küchenkrepp abtropfen lassen. Mit Puderzucker bestäuben und sofort servieren.

Holunderblütensirup gehört ebenfalls zu den fast vergessenen jahreszeitlichen Genüssen. Man trinkt ihn aufgefüllt mit trockenem Sekt als Aperitif oder aufgefüllt mit Mineralwasser als Limonade. Und das Aroma frischer Erdbeeren, die man mit Holunderblütensirup mariniert, wird perfekt ergänzt.

Holunderblütensirup

12 große Holunderblütendolden
10 Scheiben von einer unbehandelten Zitrone
20 g Zitronensäure (aus der Apotheke)
2 kg Zucker
2 l Wasser

Das Wasser mit dem Zucker so lange kochen, bis sich der Zucker aufgelöst hat, die Zitronensäure unterrühren. Die Holunderblüten und die Zitronenscheiben in ein gut gereinigtes großes Glasgefäß legen und mit dem Zuckersirup übergießen; abkühlen lassen, das Gefäß verschließen und an einem warmen Ort 5 Tage lang durchziehen lassen. Zitronenscheiben und Holunderblüten mit einer Schaumkelle aus der Zuckerlösung heben, und den Sirup durch ein feines Sieb gießen, in Flaschen füllen und kalt aufbewahren. – Ergibt ca. 3 1/2 Liter.

Die Holunderblüten-Mousse passt besonders gut zu in Holundersirup marinierten Erdbeeren

Holunderblüten-Mousse

2 Blatt Gelatine
150 ml Holunderblütensirup (siehe Rezept S. 62)
2 Eier
200 ml Sahne

Die Gelatine in kaltem Wasser einweichen. Holunderblütensirup und Eier im heißen Wasserbad cremig aufschlagen. Die ausgedrückte Gelatine in der Creme auflösen. Die Masse abkühlen lassen. Die Sahne steif schlagen und unter die abgekühlte, aber noch flüssige Creme heben. Die Mousse in eine Servierschale füllen und im Kühlschrank fest werden lassen.

Getrocknete Holunderblüten werden als schweißtreibendes Mittel eingesetzt.

Holunderblüten-Tee

Holunderblüten sammeln: Die ganzen Blütenstände abschneiden und auf Darren (mit Stoff oder Fliegengitter bespannten Holzrahmen) trocknen; dann die kleinen Blüten abrebeln und eventuell nachtrocknen.

2 gehäufte Teelöffel getrocknete Holunderblüten mit 1/4 l kochendem Wasser übergießen und 10 Minuten ziehen lassen; danach abseihen.
Als Schwitzkur ca. 1/2 Liter so warm wie möglich trinken.

Der Herbstschnaps überhaupt: Holunderschnaps hat einen ganz charakteristischenGechmack und wärmt von innen.

Holunderschnaps

2 l Holunderbeeren
2 l Wasser
1 kg Zucker
Saft von 1/2 Zitrone
1 1/2 Zimtstangen
3 Nelken
1 Vanilleschote
1/2 l Alkohol (98%ig)

Man bringt sämtliche Zutaten bis auf den Alkohol zum Kochen, lässt das Ganze abkühlen, passiert es durch ein Sieb und fügt den Alkohol hinzu. Man lässt den Schnaps einige Wochen im Dunkeln durchziehen, ehe man ihn „freigibt".

Holundergelee

2 kg Holunderbeeren
1/4 l Wasser
1 Stück Zimtrinde
2 Gewürznelken
2 Wacholderbeeren
Schale einer halben, unbehandelten Zitrone
1,5 kg Gelierzucker

Die Gewürze und die Zitronenschale werden im Wasser aufgekocht, dann kommen die gewaschenen und von den Ästchen mit einer Gabel abgestreiften Beeren hinzu und werden so lange auf großer Flamme gekocht, bis sie platzen. Dann wird alles durch ein Tuch geseiht. Pro Liter Saft rechnet man 700 bis 800 g Zucker. Dieser wird nun in der Flüssigkeit gekocht, bis der Saft eingedickt ist. Anschließend in Marmeladegläser füllen.

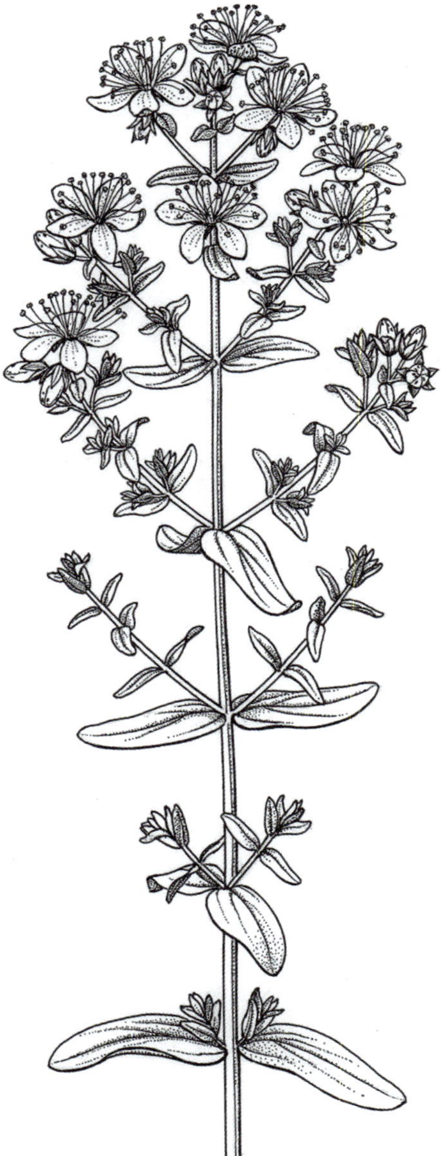

Echtes Johanniskraut (Hypericum perforatum)
Familie der Johanniskrautgewächse (Hypericaceae)

Volksnamen: Blutkraut, Wundkraut, Johannisblut, Jesuwundenkraut, Hartheu.
Beschreibung: Mehrjährige aufrecht verzweigte Pflanze von 30-60 cm Höhe. Blätter dicht durchscheinend punktiert. Stängel mit zwei Längsleisten, 2-3 cm breite goldgelbe Blüten.
Standort: Trockene Rasen, Heiden, Wegränder.
Inhaltsstoffe: Hypericin (Hypericumrot), Flavone, ätherische Öle, Gerbstoffe.
Sammelzeit: Die Blütenblätter von Juni bis September; am besten jedoch um den Johannistag, den 24. Juni herum, dann steht das Kraut in voller Blüte.

Das Echte Johanniskraut besitzt drei Merkmale, die das Erkennen erleichtern. Es hat erstens einen zweikantigen Stängel. Hält man zweitens die Blätter gegen das Licht, sehen sie aus, als seien sie durchlöchert; es handelt sich dabei um transparente Öldrüsen. Und drittens verfärben sich die gelben Blüten blutrot, wenn man an ihnen reibt. Dieser rote Saft der gelben Blüten wurde schon immer als Symbol gedeutet; mal wird es als das Blut Johannes' des Täufers betrachtet, mal als Blut Christi. Und eine Legende erzählt, dass die Blüten ursprünglich keinen roten Saft enthielten. Da traf aber eines Tages ein Jäger aus Versehen eine Elfe und verletzte sie. Beim Davonfliegen tropfte etwas von ihrem Blut auf das Johanniskraut, und seit diesem Tage färben sich die Blütenblätter rot, wenn man sie reibt.
In der Volksmedizin wird das Johanniskraut als Tee bei Durchfall, Bettnässen, Krampfadern, Magenverstimmung und Gicht gebraucht: Man übergießt zwei gehäufte Teelöffel Johanniskraut mit 1/4 Liter Wasser, bringt alles zum Kochen und seiht nach einigen Minuten ab. Man trinkt 2-3 mal täglich eine Tasse.
Am bekanntesten ist jedoch die Anwendung von Johanniskraut als pflanzliches Antidepressivum.
Aus den Blüten kann man ein wertvolles Rotöl herstellen, das äußerlich bei Verbrennungen, Rheuma, Hexenschuss und Muskelschmerzen angewendet wird. Nach der Anwendung von Johanniskrautpräparaten, egal ob innerlich oder äußerlich, sollte man die pralle Sonne, das Solarium oder die Höhensonne meiden, denn es wirkt photosensibilisierend, d.h. die behandelte Haut reagiert empfindlich auf Licht.

In der Küche wird das Johanniskraut weder als Gemüse noch als Gewürz verwandt.

Die Verwendungsmöglichkeiten des Johanniskrauts stellen wir Ihnen auf den folgenden Seiten mit Rezepten für ein Johanniskraut-Blütenöl und einen Johanniskrautbalsam vor.

Johanniskraut-Blütenöl

1 Tasse (150 ml) frische Johanniskrautblüten
1/2 l kaltgepreßtes Olivenöl

Die Johanniskrautblüten in ein verschließbares, durchsichtiges Glas geben und das Olivenöl darüber gießen. Das verschlossene Glas 6 Wochen lang in die Sonne stellen, bis der Inhalt eine leuchtend rote Farbe angenommen hat. Danach das Johanniskraut-Blütenöl abseihen, in eine dunkle Flasche füllen und kühl lagern.
Das Johanniskraut-Blütenöl wird äußerlich angewandt und hilft bei Muskelschmerzen und Verbrennungen.

Johanniskraut-Balsam

4 Teile Johanniskraut-Blütenöl
4 Teile Kokosfett
1 Teil Bienenwachs

Kokosfett und Bienenwachs im Wasserbad schmelzen. Die Mischung vom Wasserbad nehmen, das Johanniskraut-Blütenöl zufügen und unter Rühren gut einarbeiten. Den noch flüssigen Balsam in Salbentöpfchen füllen und nach dem Erstarren kühl lagern.

Achtung! Nach dem Gebrauch des Rotöls und des Balsams sollte die Sonne, das Solarium oder die Höhensonne gemieden werden, da es photosensibilisierend wirkt, d. h. die behandelte Haut reagiert empfindlich auf Licht.

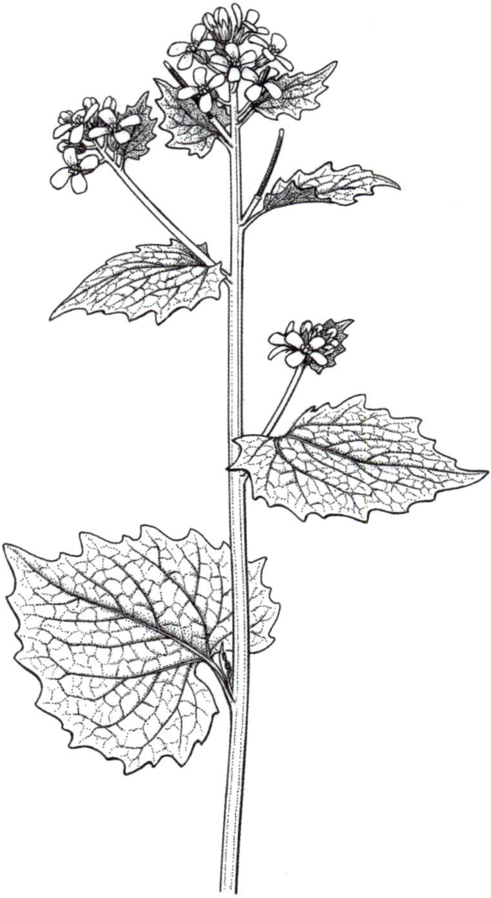

Knoblauchsrauke (Alliaria petiolata)
Familie der Kreuzblütler (Cruciferae oder Brassicaceae)

VOLKSNAMEN: Lauchkraut, Knoblauchkraut, Lauchhederich.
BESCHREIBUNG: Der fast immer unverzweigte Stängel der einjährigen Pflanze wird bis zu 100 cm hoch und besitzt herzförmige Blätter, deren Rand stark gezähnt ist. Die grundständigen Blätter sind langstielig und nierenförmig rund, während die wechselständigen Stängelblätter kurzstielig sind. Die oberen Blätter haben überhaupt keinen Stiel und sind dreieckig. Aus den unscheinbaren weißen Blüten, die von Mai bis Juni blühen, entwickeln sich später vierkantige Schoten. Die Pflanze riecht beim Zerreiben nach Knoblauch.
STANDORT: Auf Schuttplätzen, in lichten Laubwäldern, an Waldrändern und Hecken.
INHALTSSTOFFE: Vitamin A, B_1, C, Senfölglykosid, ätherische Öle.
SAMMELZEIT: Die ganze Pflanze wird von Mai bis Juli gesammelt, wobei die Wurzel weggeschnitten wird. Sie wird in frischem Zustand verwendet, da sie durch das Trocknen ihre Wirkung und ihren Geschmack verliert. Die Samen können anstelle von Senfkörnern verwendet werden.

Die Knoblauchsrauke wird in der Pflanzenheilkunde vor allem bei Erkrankungen der oberen Atemwege verwendet. Sie wirkt als auswurfförderndes Mittel bei Husten und hilft bei Asthma.
Geruch und Geschmack der Knoblauchsrauke stammen von einem Senfölglykosid, das wie das Allicin des Knoblauchs antiseptisch, aber auch leicht harntreibend wirkt. Daher setzt man die Pflanze gerne zur allgemeinen Entschlackung ein.
Im Mittelalter hat die ärmere Bevölkerung die Knoblauchsrauke an Stelle von Salz in der Suppe verwendet und das Kraut zu Fisch und Hammelbraten gegessen. Die frischen Raukenblätter verfeinern außerdem Wildkräuterbutter, Quark, Kartoffeln oder Butterbrot.
Die zarten Blätter im Frühjahr eignen sich hervorragend als Wildsalat, besonders in Kombination mit frischem Löwenzahn, junger Schafgarbe und Vogelmiere.

HEXEN-TIPP: *Die Knoblauchsrauke schmeckt zwar intensiv nach Knoblauch, aber man riecht nach dem Essen nicht nach Knoblauch.*

Die Verwendungsmöglichkeiten der Knoblauchsrauke stellen wir Ihnen auf den folgenden Seiten mit Rezepten für Butterschötchen, Grüne Sauce, Wildkräuter-Spundekäs, Olivenpaste, Kichererbsenmus und einen Frühlingssalat vor. Ein weiteres Rezepte mit Knoblauchsrauke finden Sie auf Seite 113 (Schafgarbenbutter).

Butterschötchen

100 g junge Schoten von der Knoblauchsrauke
20 g Butter
Salz, Pfeffer

Butter in der Pfanne erhitzen (nicht braun werden lassen) und die sauberen Schoten kurz darin schwenken. Nach Geschmack mit Salz und Pfeffer würzen.

Tipp: Ein ausgefallener Gaumenschmaus zum Aufpeppen von Gerichten aller Art, besonders von Pasta.

Hähnchenbrust mit Grüner Sauce (nach Art der Siefersheimer Kräuterhexen)

4 Hähnchenbrüste (oder Hähnchenbrustfilets, wenn's schneller gehen soll)
Salz, Pfeffer
Butterschmalz
2 Hände voll frische Wildkräuter wie zum Beispiel: Löwenzahnblätter, Sauerampfer, Vogelmiere, Knoblauchsrauke, Breitwegerich, Brennnessel (sie muss vor der weiteren Verarbeitung kurz blanchiert werden), Schafgarbe und Weißer Gänsefuß (kann im Frühjahr auch durch Gänseblümchen ersetzt werden), alle gut gewaschen und grob gehackt
200 ml Sahne
150 ml Schmand
2 Knoblauchzehen
Senf
Salz, Pfeffer
Zitronensaft

Die vier Hähnchenbrüste salzen, pfeffern und im vorgeheizten Ofen bei 240 Grad (Gas Stufe 4, Umluft 220 Grad) ca. 20 Minuten braten, bis sie schön braun sind, dabei immer wieder mit dem austretenden Fett bestreichen.
(Oder: Die Hähnchenbrustfilets werden in der Pfanne mit Butterschmalz von jeder Seite ca. 3 Minuten gebraten und weitere 15 Minuten bei niedrigerer Temperatur gegart.)
Währenddessen die Sauce zubereiten: Sahne, Schmand, durchgepresste Knoblauchzehen und Senf mit den gehackten Kräutern verrühren und alles im Mixer pürieren; mit Zitronensaft, Salz und Pfeffer abschmecken. Dazu werden am besten Pellkartoffeln serviert.

***Vegetarischer Tipp:** Wie zur klassischen Grünen Sauce gibt es statt der Hähnchenbrüste oder Hähnchenbrustfilets pro Person zwei hart gekochte halbierte Eier.*

In den Wildkräuterspundekäs gehören – je nach Saison – Knoblauchsrauke, Löwenzahn, Vogelmiere und Schafgarbe.

Wildkräuter-Spundekäs

250 g Quark 20%ig
200 g Frischkäse
Salz, Pfeffer
je 1 EL feingehackte Knoblauchsrauke, Löwenzahn, Vogelmiere, Schafgarbe

Alle Zutaten vermischen und mit Salz und Pfeffer abschmecken. Dazu gibt's Brot oder Brezeln.

Die Olivenpaste mit Knoblauchsrauke ist eine Schwester der südfranzösischen Tapenade und schmeckt wie diese als Brotaufstrich besonders gut zu Weißbrot. Wir mögen sie besonders gerne auf gerösteten Ciabatta-Scheiben zum Aperitif.

Olivenpaste mit Knoblauchsrauke

150 g schwarze Oliven ohne Stein
2 eingelegte Sardellenfilets
1 kleine getrocknete Chilischote
1 TL Zitronensaft
4 EL frische Knoblauchsrauke
1 TL frischer Rosmarin
1 TL frischer Thymian
6 frische Salbeiblätter
1 EL Kapern
100 ml Olivenöl
Salz, Pfeffer

Die Kräuter werden grob gehackt, die Oliven und die Chilischote klein geschnitten; dann wird alles mit dem Schneidstab püriert, während man langsam das Olivenöl zugibt. Mit Salz, Pfeffer und Zitronensaft abschmecken.

Das nächste Rezept ist die Abwandlung eines Rezeptes aus der libanesischen Küche, des Houmous. Wir essen es gerne als Brotaufstrich oder zum Aperitif auf geröstetem Fladenbrot.

Kichererbsenmus mit Knoblauchsrauke

240 g Kichererbsen (aus der Dose)
4 EL geschnittene Knoblauchsrauke
2 EL Olivenöl (nach Bedarf etwas mehr)
1 EL Zitronensaft
Salz, Pfeffer
1 Messerspitze Cayennepfeffer
1 Messerspitze Chilipulver

Die abgetropften Kichererbsen und die Knoblauchsrauke zusammen mit dem Olivenöl mit dem Schneidstab pürieren; wenn das Mus zu fest wird, noch etwas Olivenöl zugeben. Mit Salz, Pfeffer, Zitronensaft, Cayennepfeffer und Chilipulver abschmecken.

Frühlingsfrischer Wildkräutersalat

Je 1 Hand voll junge Blätter von Löwenzahn, Knoblauchsrauke, Schafgarbe, Wegerich und Vogelmiere (hier die ganze Pflanze)
2 geriebene Karotten
100 g Feldsalat
1 kleiner Radicchio-Salat

Joghurt-Dressing:
40 ml Distel- oder Sonnenblumenöl
40 ml Essig (bevorzugt Weißweinessig)
120 ml Joghurt
1 TL Senf
1 TL Zucker
Salz
Pfeffer

Die Kräuter sollten am Tag der Zubereitung gesammelt, gewaschen und trockengeschleudert werden. Für die Salatsauce den Essig mit dem Senf, Salz und Pfeffer verrühren und nach und nach den Joghurt sowie das Öl unterrühren.
Um die Unterschiede der Kräuter und Salate und deren Schönheit zur Geltung zu bringen, ordnen wir diese speichenförmig auf einer großen Platte an. Das Rot des Radicchios und das Orange der Karotten setzen schöne Farb-Akzente. Kurz vor dem Servieren mit dem Joghurt-Dressing beträufeln.

Löwenzahn (Taraxacum officinale)
Familie der Korbblütler (Compositae oder Asteraceae)

Volksnamen: Butterblume, Kuhblume, Milchblume, Pusteblume; insgesamt gibt es wohl über 500 solcher Volksnamen für den Löwenzahn!
Beschreibung: Buchtig gesägte Blätter stehen in einer Rosette. Blattlose 20-50 cm hohe Stängel tragen stets nur ein Blütenköpfchen. Die Wurzel ist rübenartig und bis zu 30 cm lang.
Standort: Praktisch überall.
Inhaltsstoffe: Vitamine, Bitterstoffe, Mineralien (viel Kalzium); Inulin, ein aus Fructose zusammengesetztes Kohlehydrat, in der Wurzel.
Sammelzeit: Die Blätter von April bis Mai vor der Blüte; die Wurzel von Februar bis April (dann enthält sie viel Zucker) oder von August bis September (dann enthält sie bis zu 40% Inulin).

Seinen Namen hat der Löwenzahn wegen der Form seiner Blätter, sie ähneln den Zähnen eines Löwen. Im Saarländischen wird er aber auch Bettseicher, im Französischen pissenlit (was „Piss ins Bett" heißt) genannt. Dies erklärt sich aus seiner Wirkung: Er aktiviert Niere und Leber und wird als Entwässerungs- und Blutreinigungsmittel eingesetzt. Für den Tee aus getrockneten Blättern und Wurzeln übergießt man 1-2 Teelöffel mit 1/4 Liter Wasser, erhitzt das Ganze und hält es eine Minute am Kochen; nach 10 Minuten abseihen. Man trinkt 2 mal täglich 1 Tasse kurmäßig 4-6 Wochen lang.
In der Küche ist der Löwenzahn ganz besonders vielseitig: Die jungen Löwenzahnblätter schmecken vorzüglich als Salat. Der Geschmack ist aromatisch und leicht bitter. Die geschlossenen Blütenköpfchen sind ein guter Kapernersatz, schmecken aber auch gedünstet als Gemüse. Und aus den geöffneten Blüten lassen sich ein hervorragender Honig und ein wirksamer Verdauungsschnaps herstellen.
Die im August oder September gesammelten Wurzeln enthalten besonders viel Inulin und sind deshalb – zum Beispiel als Gemüse gekocht – eine gute Diätkost für Zuckerkranke.
Die geröstete und gemahlene Wurzel wurde früher genau wie die der Wegwarte und der Großen Klette als Kaffeeersatz genommen.

Die Verwendungsmöglichkeiten des Löwenzahns stellen wir Ihnen auf den folgenden Seiten mit Rezepten für gedünstete Löwenzahnknospen Löwenzahnwurzel, Löwenzahnhonig und Löwenzahnsalat vor. Weitere Rezepte mit Löwenzahn finden Sie auf den Seiten 56 (Schrotküchlein), 73 (Grüne Sauce), 75 (Wildkräuter-Spundekäs), 110 (Grießsuppe), 113 (Schafgarbenbutter), 127 (Hexenpower) und 132 (Béchamelsauce).

Die gedünsteten Löwenzahnknospen sind ein vollkommen unbekannter Hochgenuss; sie schmecken wunderbar zu kurz gebratenem Fleisch oder zu Spätzle.

Gedünstete Löwenzahnknospen

100 g Löwenzahnknospen
2 EL Butter
Salz, Pfeffer
2 EL glatte Petersilie, gehackt
etwas Zitronensaft

Die Blütenknospen werden in der Butter gedünstet, mit Salz, Pfeffer und Zitronensaft abgeschmeckt und mit gehackter Petersilie bestreut serviert.

Löwenzahnwurzeln, im August oder September gesammelt, enthalten besonders viel Inulin und sind für Diabetiker ein sehr wertvolles Gemüse.

Gedünstete Löwenzahnwurzeln

100 g frische Löwenzahnwurzeln
1 EL Butter
1 kleine Zwiebel
1/8 l Gemüsebrühe

Die Wurzeln putzen und fein schneiden, mit der gewürfelten Zwiebel in Butter 5-6 Minuten auf kleiner Flamme dünsten. Brühe zugießen, weiter dünsten, bis sie gar sind. Die gedünsteten Löwenzahnwurzeln schmecken kalt oder lauwarm, zum Beispiel mit einem Kartoffel-, Löwenzahn- oder Feldsalat.

Löwenzahnhonig

200 g Löwenzahnblüten
1 l Wasser
1 kg Gelierzucker
Saft von 1 Zitrone

Die Löwenzahnblüten waschen und ca. 4 Stunden in 1 l Wasser einlegen. Anschließend diesen sogenannten Kaltauszug 15 Minuten kochen, in ein Sieb gießen und ausdrücken. Den goldgelben Sud mit Zucker und Zitronensaft ca. 5 Minuten einkochen. Den Honig noch heiß in Gläser füllen.

Eine Frühlingsdelikatesse: Löwenzahnsalat mit gebratenen Speckwürfeln, geraspelter Möhre und gerösteten Sonnenblumenkernen.

Löwenzahnsalat

200 g junge, zarte Löwenzahnblätter
200 g geräucherter Bauchspeck
1 Zwiebel
1 EL Sonnenblumenkerne
2-3 EL Olivenöl
Saft einer halben Zitrone
Salz, Pfeffer, etwas Zucker

Die Sonnenblumenkerne in einer Pfanne ohne Fett anrösten. Die Löwenzahnblätter waschen und kleinschneiden. Olivenöl, Zitronensaft, Zucker, Pfeffer und Salz verrühren und über die Löwenzahnblätter gießen. Den Bauchspeck in kleine Würfel schneiden, in einer Pfanne anbraten, etwas später die gewürfelte Zwiebel dazugeben und glasig dünsten; abkühlen lassen und über den Salat geben. Alles gut mischen und mit den gerösteten Sonnenblumenkernen bestreut servieren.

TIPP: *Eventuell 100 g geraspelte Möhren über den Salat geben; sie fangen die leichte Bitterkeit der Löwenzahnblätter auf.*

Pastinake (Pastinaca sativa)
Familie der Doldenblütler (Umbelliferae oder Apiaceae)

Volksnamen: Pasternakeln, Bockwurzn, Kasseler Wurzeln.
Beschreibung: Zweijähriger, ca. 30 – 100 cm hoher, im Juli und August grün-gelb blühender Doldenblüher; die Blüte ist dem Dill ähnlich, die Blätter erinnern eher an Sellerie.
Standort: Ödland, Wiesen, Wege.
Inhaltsstoffe: Vitamin C, Kalisalze, Spurenelemente, Spuren von Alkaloiden.
Sammelzeit: Wurzeln im Herbst des ersten Jahres, Blätter von Juni bis August, Früchte kurz vor der Vollreife im August oder September.

Aus den Pastinakensamen kann ein wirksamer, die Gallenblase anregender und harntreibender Tee zubereitet werden:
1 gehäufter Teelöffel Pastinakensamen wird mit 1/4 Liter kochendem Wasser übergossen, 10 Minuten ziehen gelassen, dann abgeseiht. Bei Bedarf trinkt man 2 mal täglich eine Tasse.
Das Wurzelgemüse Pastinake ist eine zweijährige Pflanze. Im ersten Jahr kann man von Herbst bis ins zeitige Frühjahr die Wurzel ernten. So liefern die Pastinaken besonders in der Zeit, in der uns relativ wenige einheimische Gemüse zur Verfügung stehen, sehr viel Vitamin C.
Die Pastinaken sind schon immer dank des hohen Nährwertes ihrer Wurzel kultiviert worden, gerieten dann aber in Vergessenheit. Erst langsam erobern sie sich ihren Platz auf unserem Speiseplan zurück und werden in jüngster Zeit wegen ihres aromatischen Geschmacks zu einem wahren In-Gemüse. Pastinaken-wurzeln schmecken gut als Mischgemüse mit Karotten und Kartoffeln oder zusammen mit Auberginen, Paprika und Tomaten in Ratatouille. Die Blätter der Pastinaken können als Speisewürze verwendet werden.

***Tipp:** Pastinakenwurzeln gibt es inzwischen auf den Wochenmärkten und in gut sortierten Gemüsegeschäften.*
***Tipp:** Üppige Sträuße aus den gelb-grünen Pastinakendolden sehen einfach umwerfend aus.*

Die Verwendungsmöglichkeiten der Pastinaken stellen wir Ihnen auf den folgenden Seiten mit Rezepten für ein Möhren-Pastinaken-Carpaccio, eine Pastinaken-Schafgarben-Suppe, Pastinaken-Tarte und für Pastinaken-Ratatouille vor.

Abgeschmälztes Möhren-Pastinaken-Carpaccio

2 große Möhren
2 Pastinakenwurzeln
Salz, Pfeffer
100 g Butter
1 große Zwiebel

Möhren und Pastinaken mit der Aufschnittmaschine quer in sehr feine Scheiben schneiden und getrennt ganz kurz in Salzwasser blanchieren, abtropfen lassen. Die Zwiebel in feine Ringe schneiden und in der Butter goldgelb dünsten. Auf einer Platte immer abwechselnd eine Reihe Möhren- und eine Reihe Pastinakenscheiben legen, salzen und pfeffern und die Butter-Zwiebel-Mischung auf dem „Carpaccio" verteilen.

Pastinaken-Schafgarben-Suppe

10 Pastinaken
1 Zwiebel
2 EL Sonnenblumenöl
2 EL Dinkelvollkornmehl
1/2 l Milch
150 g saure Sahne
1 Ei
2 EL Schafgarbenblätter
Salz, Pfeffer, Muskatnuss

Die Pastinaken waschen und in kleine Stücke schneiden. Zwiebel würfeln und in Sonnenblumenöl andünsten. Pastinakenstücke dazugeben und weiterdünsten. Das Mehl darüber geben und unter Rühren kurz mit andünsten. Milch, saure Sahne und das Ei verrühren und damit ablöschen. Die Suppe erhitzen, aber nicht kochen. Alles mit dem Schneidstab pürieren und die fein gehackte Schafgarbe dazugeben, mit Salz, Pfeffer und Muskatnuss abschmecken.

Pastinaken-Tarte

160 g Hirse
2 EL Öl
400 ml Gemüsebrühe
2 Zwiebeln
400 g Pastinakenwurzel
1/2 Bund glatte Petersilie
Pfeffer, Salz
250 g Magerquark
2 Eier
Fett für die Form
4 EL geriebener Käse

Die abgespülte Hirse in einem Esslöffel Öl andünsten, die Gemüsebrühe dazugießen und aufkochen; bei geringer Hitze ca. 10 Minuten weiterkochen, dann 20 Minuten lang ausquellen lassen.
Die Zwiebeln würfeln, die Pastinakenwurzeln schälen, waschen, abtrocknen und grob raspeln. Das restliche Öl in einer Pfanne erhitzen, die Zwiebeln darin glasig dünsten; die Pastinaken zufügen und bissfest dünsten.
Die Gemüsemischung mit der fein gehackten Petersilie, Salz und Pfeffer würzen. Die gedünstete Hirse, den Quark und die Eier unterziehen.
Eine Tarteform mit ca. 30 cm Durchmesser ausfetten, die Mischung einfüllen, und die Pastinaken-Tarte im vorgeheizten Backofen bei 150 Grad (Gas Stufe 2, Umluft 140 Grad) in 30 Minuten stocken lassen. 10 Minuten vor dem Ende der Backzeit die Tarte mit dem geriebenen Käse bestreuen.
Dazu schmeckt am besten ein grüner Salat.

Pastinaken-Ratatouille sieht nicht nur super aus, sie schmeckt auch ganz besonders würzig!

Pastinaken-Ratatouille

2 große Fleischtomaten
2 rote oder gelbe Paprika
300 g Pastinaken
2 mittelgroße Auberginen
2 Zucchini
2 Zwiebeln
8 ganze Knoblauchzehen
100 ml Olivenöl
1 Zweig Rosmarin
1 Zweig Dost
1 Zweig Thymian
Salz, Pfeffer
100 ml Gemüsebrühe
Salz, Pfeffer

Die Tomaten überbrühen und häuten, in Viertel schneiden, entkernen und nochmals etwas kleiner schneiden. Die Paprika entkernen, die Pastinaken sauber schaben. Auberginen und Zucchini waschen und grob zerkleinern, die Zwiebeln würfeln, Rosmarin, Dost und Thymian zusammenbinden. Alle Zutaten in einen Schmortopf geben und bei geschlossenem Deckel zum Kochen bringen. Danach auf kleiner Stufe 30-45 Minuten garen lassen. Vor dem Servieren den Kräuterbund entfernen und mit Salz und Pfeffer abschmecken.

Wilde Rauke (Sisymbrium officinale)
Familie der Kreuzblütengewächse (Brassicaceae)

Volksnamen: Wegrauke, Salatrauke, Ruke, Senfrauke, Raukenkohl, Rucola.
Beschreibung: Schnell wachsende, einjährige Pflanze mit einer Rosette aus glatten, dunkelgrünen Blättern, ähnlich dem Löwenzahn, und mit gelben Kreuzblüten.
Standort: Sonnig bis halbschattig, auf humosem Boden mit guter Wasserversorgung, mag keine Staunässe. Auf heißem, trockenem Boden schießt die Rauke sehr schnell in Samen und entwickelt zähe, bittere Blätter. Gewöhnlich Selbstaussaat.
Inhaltsstoffe: Senföle, Isothiocyanate.
Sammelzeit: Mai-September

Nur die Wenigsten wissen, dass das Modekraut Rucola eine unscheinbare, sehr würzige Verwandte hat, die hier praktisch überall zu finden ist und meistens nur als Unkraut betrachtet wird – die wilde Rauke! Sie ist eng verwandt mit der im Garten angebauten bzw. mittlerweile im großen Stil kultivierten Rauke (Eruca sativa), die weiß blüht, dem Wildkraut aber an Intensität deutlich nachsteht.
Wilde Rauke schmeckt scharf und sehr aromatisch; sie soll eine belebende Wirkung haben. Dass ihr sogar eine aphrodisische Wirkung nachgesagt wird, lässt sich bei dem römischen Ackerbauschriftsteller Columella (1. Jh. v.Chr.) nachlesen: sie stachele träge Eheleute zur Liebe an!
Im Mittelmeerraum wird die Rauke seit mehr als 3000 Jahren sowohl als Gemüse, wie auch als Zugabe zu Salaten gebraucht. Da die Rauke nach der Ernte schnell zusammenfällt, sollte sie möglichst frisch verwendet werden. Im Kühlschrank hält sie sich, eingewickelt in ein feuchtes Tuch, bis zu 2 Tage lang. Mit Rauke kann jeder Blattsalat oder ein Tomatensalat würzig verfeinert werden; die Salatsauce sollte dann allerdings nicht zu scharf ausfallen. Raukeblätter wirken beim Anrichten von Tellern oder Platten sehr dekorativ und schmecken auch noch gut.
Die Samen sind scharf und sehr ölhaltig, sie können wie Senfsamen verwendet werden.
Die Rauke gilt auch als Hausmittel gegen Husten.

Unser Hexentipp: *Beim Anbau nicht mit zuviel Stickstoff düngen, weil Rauke besonders schnell Nitrat anreichert.*
Wir empfehlen, die Stiele vor der Verwendung zu entfernen und nur ganz frische Rauke zu verwenden.

Die Verwendungsmöglichkeiten der wilden Rauke stellen wir Ihnen auf den folgenden Seiten mit Rezepten für Rauke-Bärlauch-Risotto, Möhrengemüse mit Rauke, Raukesauce, einen aphrodisischen Raukesalat und ein Rezept mit Schafkäse vor.

Rauke-Bärlauch-Risotto

150 g Rauke
50 g Bärlauch
1 Zwiebel
2 EL Olivenöl
350 g Risotto-Reis
150 ml Weißwein
1 l Gemüsebrühe
Salz, Pfeffer
50 g Frischkäse
50 g Parmesan
1 TL Butter

Bärlauch und Raukeblätter waschen und klein schneiden. Die Zwiebel in Würfel schneiden und in Olivenöl glasig dünsten. Den Reis hinzufügen und leicht andünsten. Mit Wein ablöschen und vollständig einkochen lassen. Nach und nach unter Rühren die Gemüsebrühe zufügen. Nach 20 Minuten die Kräuter unterheben und das Risotto weitere 15 Minuten köcheln lassen. Frischkäse, Parmesan und Butter dazugeben und mit Salz und Pfeffer abschmecken.

Diese Gemüsebeilage schmeckt im Frühjahr hervorragend zu kurz gebratenem Fleisch.

Möhrengemüse mit wilder Rauke

400 g junge Möhren
100 g Zwiebeln
50 g wilde Rauke
5 EL Olivenöl
1 TL Zucker
Salz, Pfeffer
80 ml Weißwein

Möhren schälen und schräg in Scheiben schneiden, Zwiebel pellen und würfeln, Rauke waschen, putzen und grob hacken. Die Möhren mit den Zwiebeln in einem weiten Topf bei starker Hitze in 3 EL Öl andünsten, mit Zucker, Salz und Pfeffer würzen, mit dem Wein und 75 ml Wasser auffüllen und im geschlossennen Topf ca. 5 Minuten dünsten. Dann im offenen Topf so lange weitergaren, bis die Flüssigkeit fast vollständig eingekocht ist. Das restliche Öl und die Rauke untermischen, eventuell nachwürzen.

Rauke-Sauce

1 Tasse Mayonnaise
2 EL gehackte Rauke
3 Schalotten, fein gehackt
1/2 TL Senf
1 EL Kapern
Salz, Pfeffer

Alle Zutaten miteinander verrühren.

Tipp: Unsere Rauke-Sauce schmeckt sehr gut zu einem Kartoffelsalat oder zu anderen Gemüsesalaten.

Der Raukesalat mit Erdbeeren sieht nicht nur traumschön aus, sondern schmeckt auch sehr gut und soll anregend wirken ...

Aphrodisischer Rauke-Salat

500 g Rauke
250 g Erdbeeren
2 EL Balsamico-Essig
3 EL Traubenkernöl
Salz
Pfeffer aus der Mühle
50 g geschabter Parmesan

Rauke und Erdbeeren waschen. Erdbeeren in feine Scheiben schneiden, größere Raukeblätter teilen. Alles miteinander vermengen. Balsamico-Essig, Traubenkernöl, Salz und Pfeffer verrühren und über den Salat geben. Als i-Tüpfelchen wird der geschabte Parmesan über den Salat gestreut.

Tipp: Dieser Salat schmeckt natürlich auch wunderbar, wenn man ihn anstelle der Erdbeeren mit geviertelten Kirschtomaten macht.

Rauke trifft Schaf

150 g Rauke
100 g Cocktailtomaten
100 g Weintrauben
4 EL Olivenöl
1 EL weißer Balsamico-Essig
Salz, Pfeffer
300 g Schafskäse
5 Stängel Dost
30 g Walnüsse

Rauke, Tomaten und Weintrauben waschen und abtropfen lassen. Aus 2 EL Olivenöl, Balsamico-Essig, Salz und Pfeffer eine Vinaigrette zubereiten. Schafskäse in Würfel schneiden und mit den halbierten Tomaten in eine feuerfeste Form füllen. Dostblättchen abzupfen, klein schneiden und mit dem restlichen Olivenöl, Salz und Pfeffer und über den Schafskäse geben. Im Backofen bei starker Oberhitze schmelzen lassen. Weintrauben und Rauke auf Tellern anrichten, die warmen Schafskäse-Tomaten darauf verteilen und mit den gehackten Walnüssen bestreuen.

Wilde Rose (Rosa Canina)
Familie der Rosengewächse (Rosaceae)

VOLKSNAMEN: Hundsrose, Wildrose, Hagrose.
BESCHREIBUNG: Mehrjähriger, 1-3 m hoher dorniger Busch; die Blüten sind hellrosa und schwach duftend, die Fiederblättchen breit-eiförmig; die Früchte, Hagebutten, sind leuchtend rot und genau genommen Scheinfrüchte, die in ihrem Innern neben den Borstenhaaren (Juckpulver) zahlreiche harte Schließfrüchte (Nüsschen) enthalten.
STANDORT: Gebüsche, Waldränder.
INHALTSSTOFFE: Vitamin C, Provitamin A, Pektine.
SAMMELZEIT: Blätter April-Oktober, Früchte September-Oktober.

Die Scheinfrucht der Heckenrose, die Hagebutte, ist eine wichtiger Vitamin C Lieferant. 100 Gramm getrocknete Hagebutten enthalten bis zu 1,8 g Vitamin C und helfen damit das Immunsystem besonders gegen Erkältungen zu stärken. Am schonendsten für das wertvolle Vitamin ist die Herstellung eines Kaltauszuges aus den Hagebutten: Man gibt einen Esslöffel zerkleinerte Hagebutten, die man von Kernen und Borstenhaaren befreit hat, in eine Tasse kaltes Wasser und lässt diesen Ansatz über Nacht zugedeckt stehen. Am nächsten Morgen werden die Hagebutten abgeseiht und das Getränk entweder kalt oder etwas erwärmt getrunken. Übrigens kann Vitamin C in Verbindung mit natürlichen Begleitstoffen wie hier in der Hagebutte zugeführt besser vom Körper aufgenommen und verwertet werden, als die chemisch gewonnene Ascorbinsäure.
Tee aus den Blättern der Heckenrose wirkt darmregulierend, mild abführend und wassertreibend.

Die Verwendungsmöglichkeiten der Heckenrose stellen wir Ihnen auf den folgenden Seiten mit Rezepten für Rosenblätter-konfitüre, Hagebuttenmark, Hagebuttensauce, Hagebutten-Portwein und Hagebutten-Suppe vor.

Rosenblätter-Konfitüre

250 g Rosenblätter
500 ml Wasser
500 g Puderzucker
Saft von 2 Zitronen
1 EL Rosenwasser

Rosenblätter waschen und trockenschleudern. Wasser zum Sieden bringen und die Rosenblätter damit übergießen.
5 Minuten leicht köcheln, bis die Blätter weich sind. Zucker und Zitronensaft beigeben und weitere 30 Minuten köcheln bis der Saft dick zu werden beginnt. Leicht abkühlen lassen, mit dem Rosenwasser parfümieren und in Gläser füllen.

Hagebuttenmark

Die frischen Hagebutten werden in der Mitte auseinander geschnitten und mit einem Kaffeelöffel entkernt. Danach einige Male durchwaschen. Die entkernten Fruchthälften lässt man über Nacht mit Wasser bedeckt stehen. Am nächsten Tag werden sie 30 Minuten in dem Einweichwasser gekocht, leicht abkühlen lassen und in der Flotten Lotte passiert. Das Resultat ist Hagebuttenmark, das portionsweise eingefroren wird.

Diese Hagebuttensauce passt besonders gut zu Vanille- oder Walnusseis.

Hagebuttensauce

170 g Hagebuttenmark (s. Rezept S. 98)
1 kleiner Apfel
5 EL milder Weißwein
5 EL Sahne
1 TL Zucker
1 Prise Salz

Das Hagebuttenmark mit dem Wein verrühren. Den feingeriebenen Apfel mit der geschlagenen Sahne unterziehen. Mit Zucker und Salz abrunden.

Hagebutten-Portwein

1,5 kg Hagebutten
1 kg Zucker
3 l Wasser
5 g frische Hefe

Die Hagebutten grob zerstoßen. Den Zucker in Wasser auflösen, die Hefe unterrühren und die Hagebutten dazugeben. In ein geeignetes Gefäß geben, mit einem Tuch abdecken und an einem kühlen Ort etwa 1 Monat gären lassen. Den Portwein filtrieren und weiter gären lassen. Wenn sich keine Kohlensäure mehr bildet, den Wein in Flaschen abfüllen. Am besten schmeckt er, wenn er weitere 6 Monate gelagert hat.

Tipp: Bei Gerbstoffüberempfindlichkeit sollten die Hagebutten vorher entkernt werden.

Herbst

Unsere Hagebuttensuppe ist ein herragender Auftakt für ein Wild-Menue.

Hagebuttensuppe

200 g Hagebuttenmark (s. Rezept S. 98)
100 g geriebener Boskop
1/4 l milder Wein
1 Messerspitze gemahlenes Nelkenpulver
2 EL Zucker
1 Prise Muskatnuss
1 Prise Zimt
2 TL Speisestärke

Das Hagebuttenmark mit dem Apfel vermengen, mit Wein übergießen und erhitzen. Kurz vor dem Kochen Zimt, Muskatnuss, Nelken und Zucker einrühren. Die Speisestärke in ca. 2 EL kaltem Wasser anrühren, in die Suppe gießen und zum Andicken noch einmal kurz aufkochen.

Sauerampfer (Rumex acetosa)
Familie der Knöterichgewächse (Poligonaceae)

Volksnamen: Großer Ampfer, Sauer-Ampfer.
Beschreibung: Mehrjährige Pflanze mit kurzem, dickem Wurzelstock und 50-100 cm hohen Stängeln; die Blätter sind eiförmig bis lanzettlich mit pfeilförmiger Basis. Die Blüten sind unscheinbar grünund stehen an endständigen Scheinquirlen; die Früchte sind rot.
Standort: Auf offenen Flächen, Wiesen, Weiden, am Wegesrand, entlang von Flussläufen und Waldgebieten, bevorzugt feuchte Standorte.
Inhaltsstoffe: Vitamin C, Kaliumoxalat, Antrachinone
Sammelzeit: Im Frühling bis zur Blütezeit im Mai/Juni. Man schneidet die Pflanze einige Zentimeter über dem Wurzelstock ab.

Im lateinischen Namen des Sauerampfers, Rumex acetosa, bedeutet Rumex Wurfpfeil oder Lanze und bezieht sich auf die pfeilförmigen Blätter der Pflanze. Der Zusatz acetosa beschreibt den Geschmack der Pflanze, nämlich säuerlich.
Der Sauerampfer war früher in den Arzneibüchern verzeichnet und wurde von den Ärzten als Mittel gegen Skorbut, der durch Vitamin-C-Mangel ausgelöst wurde, verabreicht. Im Mittelalter empfahlen die Apotheker Sauerampferblätter als Kompressen bei Akne und anderen Hautleiden. Außerdem wurde damals der getrocknete, pulverisierte Wurzelstock als Abführmittel eingesetzt. Heute verwendet die Schulmedizin den Sauerampfer gar nicht mehr, während die Volksmedizin ihn immer noch gerne empfiehlt: Frischer Sauerampfer wird bei Appetitmangel, bei Harnverhaltung und zur Blutreinigung eingesetzt. Aus dem getrocknetem Kraut wird ein Tee gekocht, der innerlich und äußerlich bei Hautkrankheiten gebraucht wird: 2 Teelöffel Sauerampfer werden mit 1/4 l kochendem Wasser übergossen und 10 Minuten ziehen gelassen, dann abseihen. Davon trinkt man täglich zwei Tassen oder nimmt den Tee unverdünnt zu Hautwaschungen.
Der Blättersaft bringt überdies auch Milch zum Stocken. Weiterhin wurde der Saft der Blätter benutzt, um Rost-, Tinten-, oder Schimmelflecken aus der Wäsche zu entfernen.
Als Gewürz wird der Sauerampfer schon lange geschätzt. Bereits im alten Ägypten galt der Sauerampfer als beliebtes Küchenkraut. Heute benutzt man die zarten, jungen Blätter für Salate und Suppen oder zum Würzen von Gemüsesuppen, Saucen, für Omeletts, Lamm- und Rindfleisch.

Achtung: Der Sauerampfer erhält seinen unverwechselbaren Geschmack durch seinen hohen Anteil an Oxalaten. Da diese Beschwerden im Magen-Darm-Bereich verursachen können, empfiehlt sich eine sparsame Verwendung der Pflanze. Bei Leber- und Nierenleiden, Arthritis, oder Neigung zur Steinbildung im Körper, soll auf den Verzehr von Sauerampfer ganz verzichtet werden.

Die Verwendungsmöglichkeiten des Sauerampfers stellen wir Ihnen auf den folgenden Seiten mit Rezepten für Sauerampfersuppe nach Hexenart, Sauerampfer-Gänsefuß-Taschen, Sauerampfer-Käse-Quiche und Sauerampfer-Creme vor. Ein weiteres Rezept mit Sauerampfer finden Sie auf der Seite 109 (Unkraut-Pfannkuchen) und auf der Seite 137 (Wiesensuppe mit Klee und Sauerampfer).

Sauerampfer-Suppe nach Hexenart

2 Knoblauchzehen
2 TL Olivenöl
120 g Sauerampfer
80 g gehackte Brennnesseln
800 ml Gemüsebrühe
2 Eier
100 ml Sahne
Salz, Pfeffer
2 Scheiben Weißbrot, ohne Rinde, in Würfel geschnitten
30 g Butter

Die zerquetschten Knoblauchzehen in Olivenöl leicht bräunen. Die gewaschenen, gehackten Sauerampferblätter mit den Brennnesseln dazugeben und 1 Minute dünsten. Die Gemüsebrühe angießen und alles kurz aufkochen; mit dem Schneidstab pürieren. Die Eier und die Sahne schaumig schlagen. Vor dem Servieren der Sauerampfersuppe das Gemisch einrühren. Sofort servieren und die in Butter gerösteten Brotwürfel darüber geben.

Sauerampfer-Gänsefuß-Taschen

450 g Blätterteig
1/2 Zwiebel, gewürfelt
1 Knoblauchzehe, fein gewürfelt
1 EL Olivenöl
8 EL Sauerampferblätter, fein geschnitten
4 EL Gänsefuß, fein geschnitten
120 g Magerquark
1/2 Apfel, geraspelt
1/2 TL Salz
1 Prise Pfeffer
1 Prise Muskat
2 Eigelb

Die Blätterteigrechtecke auf der bemehlten Arbeitsplatte ausrollen. Die Zwiebel und die Knoblauchzehe in Öl andünsten, die Sauerampfer- und Gänsefußblätter unterrühren und ebenfalls andünsten; dann abkühlen lassen. Zur Kräutermischung Quark und Apfel geben, würzen und auf die Blätterteigrechtecke verteilen. Die Ränder mit verquirltem Eigelb bestreichen, und den Blätterteig zu Dreiecken zusammenschlagen. Die Teigtaschen mit Eigelb bestreichen und im vorgeheizten Backofen bei 200 Grad (Gas Stufe 3-4, Umluft 180 Grad) etwa 15 – 20 Minuten backen

Ein richtiges Frühlingsgericht ist unsere Sauerampfer-Käse-Quiche.

Sauerampfer-Käse-Quiche

150 g Blätterteig
Mehl
150 g Sauerampferblätter, in Streifen geschnitten
1/2 Kopfsalat, in Streifen geschnitten
150 g Brennnesselblätter, in Streifen geschnitten
2 Eier
60 g geriebener Cheddarkäse
150 ml Milch
150 ml Schmand
1 TL Bärlauchpaste (s. Rezept S. 15)

Eine Pieform mit dem Blätterteig auslegen. Mit einer Gabel mehrmals einstechen und mit etwas Mehl bestreuen. Sauerampfer-, Kopfsalat- und Brennnesselstreifen vermischen und blanchieren. Das Gemüsegemisch auf dem Teig verteilen. Die restlichen Zutaten verrühren und über das Gemüse geben. Die Quiche im vorgeheizten Backofen bei 180 Grad (Gas Stufe 3, Umluft 165 Grad) ca. 30 Minuten backen.

Sauerampfer-Creme

400 g Sauerampferblätter
100 g Butter
40 g gemahlene Mandeln
2 EL saure Sahne
2 Eigelb
4 EL Sahne
Salz

Die Sauerampferblätter im gesalzenem Wasser 10 Minuten kochen. Anschließend abtropfen lassen und fein hacken. Die gemahlenen Mandeln in Butter rösten, die Sauerampferblätter hinzugeben und verrühren. Die saure Sahne unter ständigem Rühren hinzugeben und die Sauce 3 – 4 Minuten kochen lassen. Zuletzt salzen, mit Sahne und Eigelb stocken lassen. Diese Creme ist eine pikante Beigabe zu Fleisch- und Fischgerichten.

Schafgarbe (Achillea millefolium)
Familie der Korbblütler (Compositae oder Asteraceae)

Volksnamen: Katzenschwanz, Augenbraue der Venus, Soldatenkraut, Wundkraut.
Beschreibung: Aufrechte 15-50 cm hohe Pflanze, Stängel hart und markig, meist behaart, Blätter spitz, linealisch fein aufgeteilt, 2-3fach fiederspaltig, Blütenköpfchen trugdoldig angeordnet. Weiße oder rosa Zungenblüten, blüht von Mai bis Oktober.
Standort: Wiesen, Raine, Wege und Ackerränder, meidet feuchte Standorte.
Inhaltsstoffe: Ätherische Öle mit Kampfer, Proazulen, Chamazulen, ferner Achillein und andere Bitterstoffe, Mineralien (besonders Kalzium).
Sammelzeit: Für Heilzwecke während der Blüte; als Küchenkraut ganzjährig die jungen, zarten Blätter.

Im Mittelalter nannte man die Schafgarbe die Augenbraue der Venus. Die botanische Bezeichnung „millefolium" bedeutet „tausendblättrig" und verweist auf die filigranen Fiederblättchen, die der Schafgarbe ihr charakteristisches Aussehen verleihen. Der lateinische Gattungsname „Achillea" hingegen erinnert an Achilles, den Helden der Ilias. Seine Mutter hatte ihn unverwundbar gemacht, indem sie ihn nachts mit Aschenglut bedeckte und ihn tagsüber mit Ambrosia heilte. Leider wurde jedoch die Stelle an der Ferse, wo sie ihn tagtäglich festgehalten hatte, nicht „versiegelt". Genau dort traf ihn schließlich Paris' vergifteter Pfeil. Auf Anraten der Göttin Venus legte der Held Schafgarbe auf.
Auch im Mittelalter wurde die Schafgarbe als Wundheilmittel und gegen äußere und innere Blutungen benutzt. Der Name „Soldatenkraut" erklärt, weshalb sie in Kriegszeiten von Schulkindern gesammelt wurde. Ihr hoher Azulengehalt, den sie mit der Kamille gemein hat, und andere antibiotische Substanzen dürften so manchen Verwundeten vor einer gefährlichen Infektion bewahrt haben. – In nordischen Ländern war sie als Hopfenersatz beim Bierbrauen in Gebrauch und in Deutschland verwendete man die Früchte zum Konservieren von Wein bis ins 16. Jahrhundert.
Die Pflanze wird bei Appetitlosigkeit, gegen Magen-, Darm- und Gallebeschwerden eingesetzt. Weiterhin kräftigt die Schafgarbe das Gefäßsystem und verbessert die Durchblutung

der Hände und Beine. Als Tee überbrüht man 2 gehäufte Teelöffel Schafgarbenkraut mit kochendem Wasser und seiht nach 15 Minuten ab; getrunken werden 2-3 Tassen täglich.
Als Küchenkraut ist die Schafgarbe ein kulinarischer Glücksfall. Sie besitzt einen angenehm aromatischen Geschmack, der an Nüsse erinnert. Die feinen Bitterstoffe würzen ganz hervorragend Quark- und Käseaufstriche und schmecken auch in einer Kräuterbutter gut. Doch nicht nur als Würzkraut, auch als Wildsalat kann man die „Augenbrauen der Venus" nutzen, kombiniert mit anderen Wildkräutern wie Knoblauchsrauke, Vogelmiere, Brennnesseln und Löwenzahn. Weiterhin schmeckt sie fein gehackt oder ganz als Suppeneinlage oder in Salaten.

Die Verwendungsmöglichkeiten der Schafgarbe stellen wir Ihnen auf den folgenden Seiten mit Rezepten für Grießsuppe, Kartoffelsalat, Schafgarbenbutter und Schafgarbe-Pfannkuchen vor. Weitere Rezepte mit Schafgarbe finden Sie auf den Seiten 33, (Kräuterbrot), 41 (Schrotküchlein), 43 (Haferflockensuppe), 60 (Erkältungstrunk), 66 (Grüne Sauce), 109 (Béchamelsauce) und 118 (Wildkräuterspundekäs).

Grießsuppe mit Mandeln und Wildkräutern

60 g abgezogene, ohne Fett geröstete Mandeln
4 EL Grieß
1 EL Butter
3/4 l Gemüsebrühe
3 Eigelb
1/8 l Sahne
Salz, Pfeffer
2 Hände voll Wildkräuter, z. B. Löwenzahn, Vogelmiere, Schafgarbe, Wegerich

Die gerösteten Mandeln werden gemahlen, mit etwas Salz in einem Topf unter ständigem Rühren erhitzt. Den Grieß zufügen, kurz mitrösten und die Butter in der Grieß-Mandel-Masse schmelzen lassen. Nach und nach mit der Gemüsebrühe auffüllen und unter häufigem Rühren zum Kochen bringen; den Grieß danach 10 Minuten bei milder Hitze quellen lassen. Die Eigelbe mit der Sahne, mit Salz und Pfeffer verquirlen. Etwa 5 Esslöffel der heißen Grießsuppe in die Eigelb-Sahne-Mischung rühren, den Topf vom Herd nehmen und die Suppe mit der Eigelb-Sahne legieren. Die Suppe wird vor dem Servieren mit den frischen klein gehackten Wildkräutern bestreut.

Wildkräuter-Kartoffelsalat

750 g festkochende Kartoffeln
3 Eier, hart gekocht
250 g saure Sahne
1 Zwiebel
2 Äpfel
2 EL Schafgarbenblätter
Saft einer Zitrone
Salz, Pfeffer

Die Kartoffeln werden gekocht, heiß gepellt und lauwarm in Scheiben geschnitten. Die hartgekochten Eier werden gewürfelt, mit der sauren Sahne vermischt und mit Salz und Pfeffer gewürzt. Die gewürfelte Zwiebel, die kleingeschnittenen Äpfel, der Zitronensaft und die Schafgarbe werden dazugegeben. Alles wird miteinander vermengt und über die Kartoffelscheiben gegeben.

Tipp: Den Kartoffelsalat können Sie mit Spitzwegerichblättern und Gänseblümchen verzieren.

Kräuterbutter mit Schafgarbe, garniert mit den Fiederblättchen der Schafgarbe, die überhaupt eine wunderbare Dekoration für kalte Platte, Dipps u.ä. sind.

Schafgarbenbutter

250 g Butter
ca. 30 junge, hellgrüne Stängel Schafgarbe
1 – 2 Knoblauchzehen
Salz

Die Schafgarbe waschen und trockenschleudern. Danach die feinen Fiederblättchen vom Stängel abziehen und mit dem klein gehackten Knoblauch, dem Salz und der zimmerwarmen Butter verrühren.

***Tipp:** Natürlich kann man auch andere Wildkräuter verwenden wie zum Beispiel Löwenzahn, Knoblauchsrauke oder Vogelmiere.*

Der feine nussartige Geschmack der Schafgarbe macht aus einem einfachen Pfannkuchen etwas ganz Besonderes.

Schafgarbe-Pfannkuchen

2 Hände voll junger Schafgarbenblätter
1/2 l Milch
4 Eier
400 g Mehl
Salz
Sonnenblumenöl

Die Schafgarbenblätter klein schneiden. Milch und Eier verquirlen, das Mehl unterrühren, alles mit Salz würzen und diesen Teig 30 Minuten quellen lassen. Öl in einer Pfanne erhitzen und ca. 1 Schöpfkelle Teig darin verteilen. 1 – 2 TL Schafgarbenblätter darüber streuen, den Pfannkuchen wenden und fertig backen.

Tipp: Zu diesem Gericht passt besonders gut unser Blumenstrauß-salat (Rezept s. S. 49).

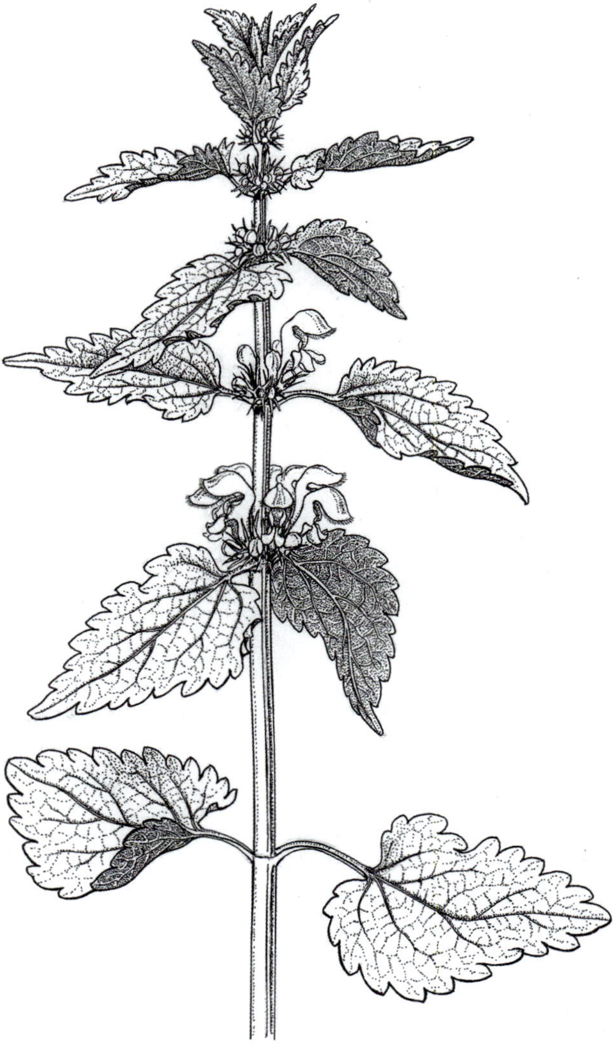

Weiße Taubnessel (Lamium album)
Familie der Lippenblütler (Labiatae oder Lamiaceae)

VOLKSNAMEN: Bienensaug, Blumennessel, Weiße Nessel.
BESCHREIBUNG: Vierkantiger Stängel etwa 30-40 cm hoch. Die Blätter gegenständig, am Rand gesägt, herz-eiförmig, lang gestielt. 5-8 Blüten in blattachselständigen Scheinquirlen. Weiße Blüten 2-2,5 cm lang. Brennnesselartige Pflanze ohne Brennhaare; ausdauernd, häufig wintergrün.
STANDORT: An Wegen und Wiesenrändern, auf Schuttplätzen; insgesamt auf nahrhaften Böden.
INHALTSSTOFFE: Schleimstoffe, Saponine, ätherische Öle, Gerbstoffe.
SAMMELZEIT: Blüten und Blätter April bis Oktober.

Im Frühjahr kann man die Taubnessel leicht mit der Brennnessel verwechseln. Sie hat zwar nesselähnliche Blätter, jedoch sind diese nicht mit Brennhaaren versehen. Besonderes Merkmal sind die weißen Lippenblüten, die über den Nesselblättern wachsen.
Die Blüten der Taubnessel enthalten süßen Nektar, den nur die Hummeln erreichen können. Wenn man die Blüten abpflückt und daran saugt, kann man ihn schmecken.
Die Taubnessel wurde schon früh in der Frauenheilkunde gebraucht. Sie ist ein besonders gutes Mittel gegen weißen Ausfluss. Dafür wird Taubnesseltee innerlich zur Teekur und äußerlich für Scheidenspülungen verwendet. Als Tee werden 1-2 Teelöffel Taubnesselblüten mit 1/4 Liter Wasser übergossen, aufgekocht und 5 Minuten ziehen gelassen. Man trinkt 2-3 mal täglich eine Tasse.
Die Taubnessel hilft aber auch bei Erkrankungen der Atem- und Verdauungswege, bei Blasenleiden und Schlaflosigkeit. Auch in der Schönheitspflege wird die Taubnessel gebraucht: Der kalte Tee ist ein gutes Reinigungsmittel für fettige Haut.
In der Küche werden die jungen Blätter, die deutlich nach Champignon schmecken, und die Blüten der Taubnessel als Salat oder Beigabe zum Wildspinat verwendet.
Hildegard von Bingen schrieb, wer die Taubnessel bei sich trägt, der lacht gern und dessen Herz ist heiter.

Die Verwendungsmöglichkeiten der Weißen Taubnessel stellen wir Ihnen auf den folgenden Seiten mit Rezepten für Taubnessel-Creme, Taubnessel-Sauerkraut-Gemüse und Taubnesselspätzle vor.

Taubnessel-Creme auf einem Spiegel aus Holundersirup.

Taubnessel-Creme auf Holundersirup

10 getrocknete Aprikosen
6 EL Zitronensaft
1 Stange Vanille
200 ml Sahne
6 EL Taubnesselblüten, grob geschnitten
2 EL Taubnesselblätter, fein geschnitten
250 g Holundersaft (selbst gemacht oder aus dem Reformhaus)
250 g Zucker

Getrocknete Aprikosen klein würfeln und über Nacht in Zitronensaft einweichen. Die Vanille aus der Schote kratzen, in die steif geschlagene Sahne geben, die Aprikosen und zum Schluss die Taubnesselblüten und -blätter unterheben.
Holundersaft mit dem Zucker zu einem Sirup kochen.
Zum Servieren einen Spiegel aus Holundersirup auf den Teller gießen, mit einem Esslöffel eine Nocke von der Taubnessel-Creme abstechen, mit Taubnesselblättern und eventuell Holunderbeeren – das geht nur im August oder September – garnieren.

Taubnessel-Sauerkraut-Gemüse

5 g Butterschmalz
1 Zwiebel, in Ringe geschnitten
500 g Sauerkraut
300 ml Gemüsebrühe
1 Apfel oder frische Weintrauben
1 rohe, geriebene Kartoffel
5 EL Taubnesselblätter, fein geschnitten
3 EL Taubnesselblüten
Salz, Pfeffer

Zwiebelringe in Butterschmalz andünsten, Sauerkraut dazugeben, ebenfalls andünsten und mit Gemüsebrühe aufgießen. Zugedeckt 15 Minuten köcheln lassen; während der letzten 5 Minuten die feingeriebene Kartoffel, den Apfel oder die Weintrauben hinzufügen, mit Salz und Pfeffer abschmecken und zum Schluss die Taubnesselblätter unterziehen und mit den Taubnesselblüten garnieren.

Taubnesselspätzle

500 g Hartweizenvollkornmehl
100 g Magerquark
3 Eier
ca. 400 ml Wasser
1 Hand voll Taubnesselblätter, fein geschnitten
Salz, Pfeffer, Muskat
40 g Butter

Das Mehl in eine Schüssel sieben und in die Mitte eine Mulde drücken. Die aufgeschlagenen Eier einzeln in die Mulde gleiten lassen, den Quark dazugeben, salzen und von der Mitte aus zu einem Teig verarbeiten. Nach und nach das Wasser einrühren; der Teig sollte weich, aber nicht flüssig sein; die Taubnesselblätter zufügen. Zugedeckt 30 Minuten quellen lassen. Den Spätzleteig portionsweise in kochendes Salzwasser hobeln, einmal aufkochen und 2 Minuten ziehen lassen. Die Spätzle mit dem Schaumlöffel aus dem Wasser heben, abtropfen lassen und warm stellen. Die Butter in einer Pfanne leicht braun werden lassen und über die Taubnesselspätzle geben.

Tipp: Die Spätzle schmecken auch super mit Vogelmiere!

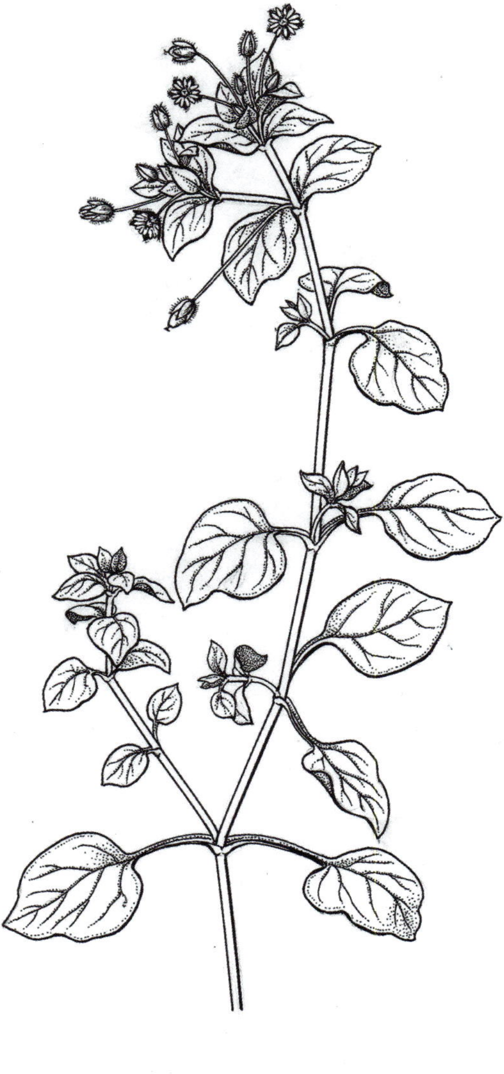

Vogelmiere (Stellaria media)
Familie der Nelkengewächse (Caryophyllaceae)

Volksnamen: Hühnerabbiss, Gänsekraut, Sternenkraut.
Beschreibung: Der bis zu 30 cm lange Stängel wächst am Boden und ist mit einer längs laufenden Haarleiste versehen. Die Blätter sind oval-elliptisch. Die Blüten haben 5 Kelchblätter, die oval-länglich und länger oder gleich lang wie die fünf weißen zweilappigen Kronblätter sind.
Standort: Gartenbeete, Weinberge, Rasen, brachliegende Äcker, praktisch überall.
Inhaltsstoffe: Eisen, Kalium, Calcium, Magnesium, Vitamin C, Saponine.
Sammelzeit: Praktisch immer, außer bei Dauerfrost und geschlossener Schneedecke.

Die Vogelmiere ist ein Wunder an Vitalität und unverwüstlicher Lebenskraft. Sie wächst und blüht unentwegt, selbst im Winter unter der Schneedecke finden wir das zarte Pflänzchen. Die Vogelmiere bringt 5 bis 6 Generationen pro Jahr hervor und erzeugt pro Generation zwischen 10 000 bis 20 000 Samen. Diese Samen können bis zu 60 Jahre in der Erde ruhen, so dass sie – falls sich die Wachstumsbedin-gungen verschlechtern – zu einem günstigeren Zeitpunkt keimen können.
Die Vogelmiere wächst so üppig, dass brachliegende Flächen oft völlig überwuchert werden. So schützt sie den Boden vor der austrocknenden Sonne bzw. vor dem verschlämmenden Regen. Auf diese Weise kommt sie auch den humusbildenden Kleinlebewesen zugute und dient den Vögeln als Futter.
Durch ihren hohen Gehalt an Saponinen (Seifenstoffen) gilt die Vogelmiere als gutes Heilmittel bei einer Verschleimung der Atemwege. Sie verbessert außerdem das Erscheinungsbild von Haut, Haaren und Zähnen. Als Tee werden 2 Teelöffel Vogelmiere mit 1/4 Liter kochendem Wasser übergossen,
5-10 Minuten ziehen gelassen, dann abgeseiht; man trinkt 2 mal täglich eine Tasse.
Die Vogelmiere schmeckt nach jungen Erbsen oder einfach nach frischem Grün. Sie wird in der Küche immer frisch verwendet und schmeckt als Salat, gemischt mit anderen Wildkräutern oder mit gewöhnlichen Blattsalaten genauso gut wie als Zugabe zum Spundekäs.

Hexen-Tipp: *Die Vogelmiere ist unsere Alternative zu allen Schönheitsdragees!*

Die Verwendungsmöglichkeit der Vogelmiere stellen wir Ihnen auf der folgenden Seite mit einem Rezept für Vogelmiere-Pesto, Kartoffelsuppe, Hexenpowerund Vogelmiere-Salat vor. Weitere Rezepte mit Vogelmiere finden Sie auf den Seiten 56 (Schrotküchlein), 73 (Grüne Sauce), 75 (Wildkräuterspundekäs), 113 (Schafgarbenbutter), 132 (Béchamelsauce) und 110 (Grießsuppe).

Das Vogelmierepesto ist eine Anleihe aus der italienischen Küche, in der es mit Basilikum hergestellt wird. Unser Vogelmierepesto schmeckt gut zu Gemüseterrinen, Nudelgerichten, als Brotaufstrich und in Suppen gerührt.

Vogelmierepesto

100 g frische Vogelmiere
40 g Pinienkerne
2 Knoblauchzehen
120 ml Olivenöl
Salz, Pfeffer

Pinienkerne, frische Vogelmiere und den Knoblauch mit einem Schneidstab fein pürieren. Während des Pürierens das Olivenöl zugießen, bis eine glatte Creme entstanden ist. Mit Salz und Pfeffer nach Geschmack würzen.
Das Pesto hält sich höchstens 5-7 Tage und muss luftdicht verschlossen im Kühlschrank aufbewahrt werden.

Vogelmiere-Kartoffelsuppe

1 Zwiebel
2 EL Sonnenblumenöl
750 g Kartoffeln
2 Hände voll Vogelmiere
1 l Gemüsebrühe
200 g süße Sahne
Salz, Pfeffer, Muskatnuss

Die Zwiebel würfeln und in Öl andünsten. Die geschälten, klein geschnittenen Kartoffeln dazugeben und weiterdünsten. Die Gemüsebrühe dazugeben und solange köcheln lassen, bis die Kartoffeln weich sind. In der Zwischenzeit die Vogelmiere waschen, klein schneiden und zu den Kartoffeln geben. Etwa 10 Minuten ziehen lassen, dann das Ganze mit dem Schneidstab pürieren. Die süße Sahne dazugeben und mit Salz, Pfeffer und Muskatnuss würzen.

Tipp: Als Einlage schmecken Knoblauchsraukenschötchen (Rezept s. S. 71) toll.

Hexenpower: Buttermilch wird mit Vogelmiere aufgeschlagen und mit Zitronensaft und Muskatnuss gewürzt; wer's schärfer mag, nimmt etwas Chili.

Hexenpower

1/2 l Buttermilch
1 Handvoll Vogelmiere (je nach Jahreszeit kann man auch Spitzwegerich, Bärlauch, Gänseblümchen, Löwenzahn oder Brennnessel nehmen)
Saft einer halben Zitrone
Salz, Pfeffer, Muskatnuss

Die Vogelmiere gründlich waschen und klein schneiden. Das Kraut mit der Buttermilch und dem Zitronensaft im Mixer pürieren. Mit Salz, Pfeffer und Muskatnuss abschmecken.

Tipp: Wer es lieber süß mag, ersetzt Salz, Pfeffer und Muskatnuss durch Löwenzahnhonig. Wer es lieber scharf mag, nimmt statt Pfeffer Chili.

Fruchtiger Vogelmieresalat

5 Hände voll Vogelmiere
1 großer Apfel
100 g mittelalter Gouda
300 g Waldbeeren
150 g süße Sahne
Kräutersalz
Pfeffer
weißer Balsamico-Essig

Die Vogelmiere gründlich waschen und klein schneiden, Apfel und Gouda in kleine Stücke schneiden. Die Waldbeeren waschen und abtropfen lassen, anschließend alles vermischen. Aus süßer Sahne, Kräutersalz, Pfeffer und weißem Balsamico-Essig eine Vinaigrette bereiten und über den Salat geben.

Wegeriche:
Breitwegerich (Plantago major)
Mittlerer Wegerich (Plantago media)
Spitzwegerich (Plantago lanceolata)
Familie der Wegerichgewächse (Plantaginaceae)

Volksnamen: Heilwegerich, Lämmerzunge, Wegbreite.
Beschreibung: Alle Blätter stehen rosettig dicht am Boden; je nach Art sind die Blätter schmal bis breit und verschieden groß. Die Blattoberseite ist glatt, die Unterseite mit stark hervortretenden parallelen oder bogenförmigen Adern.
Standort: Wiesen, Weiden, Wege.
Inhaltsstoffe: Schleimstoffe, Bitterstoffe, Zink.
Sammelzeit: Die Blätter von März bis August.

Alle drei Wegericharten waren ursprünglich nur in Mittel- und Westeuropa beheimatet. Da besonders die Samen viel Schleim enthalten, setzen sie sich bei Nässe in den Schuhsohlen fest. Auf diese Weise wurden die Wegeriche stark verbreitet. Schon die ersten europäischen Siedler brachten die Pflanze in die „Neue Welt". Dort wurde und wird der Wegerich von den Indianern „Fußspur des Weißen Mannes" genannt.
Bekannt ist besonders der Spitzwegerich als häufiger Bestandteil von gut wirkenden Hustenmitteln. Wegerichblätter können aber auch als Wundpflaster benutzt werden: Bei Schnittwunden hilft der adstringierende (zusammenziehende) Saft der Wegerichpflanze schnell, die Wunde zu schließen. Wahre Wunder jedoch bewirkt das zerdrückte Wegerichblatt bei Insektenstichen. Wenn es sofort auf die frische Stichwunde gelegt wird, entzündet sich diese dank des in dem Saft enthaltenen Zinks nicht, und der Juckreiz hört sofort auf.
Im zeitigen Frühjahr kann man aus den jungen Blättern aller drei Wegericharten, die ähnlich wie Steinpilze schmecken, leckere Salate und Gemüse bereiten. Da die Blattadern häufig etwas zäh sind, empfiehlt es sich, zumindest die mittleren herauszuschneiden.

Hexentipp: *Für uns Siefersheimer Kräuterhexen ist der Wegerich ein wunderbares „Erste-Hilfe-Kraut"!*

Die Verwendungsmöglichkeiten des Wegerichs stellen wir Ihnen auf den folgenden Seiten mit Rezepten für Wegerichsirup, Spitzwegerichbonbons und Wegerich-Gnocchi vor. Weitere Rezepte mit Wegerich finden Sie auf den Seiten 73 (Grüne Sauce) und 110 (Grießsuppe).

In der Flasche ist Wegerich-Sirup, der gegen Husten hilft, und davor liegen Spitzwegerich-Bonbons, einmal als quadaratische Plättchen, direkt vom Blech, und dann noch als rund geformte, eingewickelte Bonbons.

Der Wegerichsirup und die Spitzwegerichbonbons sind für Kinder ein gutes und bewährtes Mittel gegen hartnäckigen Husten.

Wegerich-Sirup

1 Liter gewaschene und fein zerkleinerte Wegerichblätter (vorzugsweise vom Spitzwegerich)
300 g brauner Zucker
250 g Honig

Unter ständigem Rühren werden die Zutaten auf kleiner Flamme gekocht, bis eine homogene dickflüssige Masse entsteht. Diese wird heiß durch ein Sieb in gut gespülte Gläser oder Flaschen gefüllt und kühl aufbewahrt.

Spitzwegerich-Bonbons

250 g Spitzwegerichblätter
1/2 l Wasser
500 g Zucker
20 g Butter
1 TL gemahlener Anis
1 TL gemahlener Fenchelsamen

Spitzwegerichblätter waschen und in 1 cm breite Streifen schneiden. 30 Minuten im Wasser kochen. Den Sud abseihen und in einen Topf gießen. Mit Zucker, Butter und den Gewürzen 20 Minuten lang zu einem dickflüssigen Sirup einkochen. Ein Backblech mit Backpapier auslegen und den Sirup daraufgießen. Vor dem völligen Aushärten die Masse in Bonbongröße schneiden, trocknen lassen und in Folie einwickeln.

Wegerich-Gnocchi mit Wildkräuter-Béchamelsauce

Wegerich-Gnocchi:

600 g Kartoffeln, mehlig kochend
1 EL Olivenöl
10 EL Mehl
2 Eier
1 Hand voll Wegerichblätter (nur die ganz zarten Blätter)
etwas Salz
gemahlener Pfeffer
Muskatnuss
5 EL geriebener Parmesan
4 schöne Wegerichblätter

Die Kartoffeln in der Schale kochen, noch heiß schälen, durch die Kartoffelpresse drücken und etwas auskühlen lassen. Die Wegerichblätter fein hacken, zusammen mit den Eiern unter das Kartoffelpüree mischen, anschließend das Mehl dazugeben, mit Salz, Pfeffer und wenig Muskatnuss abschmecken. Gnocchi formen, diese über einen Gabelrücken abrollen und in kochendem Salzwasser kochen. Wenn die Gnocchi obenauf schwimmen, herausnehmen, gut abtropfen lassen und warm stellen.

Wildkräuter-Béchamelsauce:

1/4 l Milch
1/4 l Wasser
1-2 EL Mehl
50 g Butter
Salz, Pfeffer, Muskatnuss
2 Hände voll Wildkräuter (nach Saison: Brennnessel, Weißer Gänsefuß, Schafgarbe, Löwenzahn, Vogelmiere)

Die Wildkräuter waschen und hacken.
Mit der Butter und dem Mehl eine klassische Mehlschwitze zubereiten und mit dem Wasser-Milch-Gemisch ablöschen. Mit Salz, Pfeffer und Muskat abschmecken, kurz aufkochen lassen, danach den Topf vom Herd nehmen und die gehackten Kräuter unterheben und sofort servieren: Die Gnocchi auf den Teller geben, die Sauce hinzufügen, mit etwas geriebenem Parmesan bestreuen und mit einem Wegerichblatt garnieren.

Spitzwegerich-Forellenröllchen

8 frische Forellenfilets ohne Haut
Salz, Pfeffer
8 Spitzwegerichblätter
8 Schafgarbenblätter
3 Frühlingszwiebeln
50 g Butter
200 ml Weißwein
200 ml Sahne

Die Forellenfilets salzen und pfeffern. Auf jedes Forellenfilet ein Spitzwegerich- und ein Schafgarbenblatt legen, aufrollen und mit einem Zahnstocher fixieren. Für die Sauce die Frühlingszwiebeln in feine Ringe schneiden und in der Butter andünsten, den Wein dazugeben und etwas einkochen lassen. Die Hitze reduzieren und die Forellenröllchen in dem Sud 10 Minuten ziehen lassen. Die Röllchen aus dem Sud nehmen und warm stellen. Die Sahne zu dem Sud gießen und mit Salz und Pfeffer abschmecken, aufkochen lassen und mit den Forellenröllchen anrichten.

Wiesen- oder Rotklee (Trifolium pratense)
Familie der Schmetterlingsblütler (Fabaceae, Leguminosae)

Volksnamen: Zuckerbrot, Himmelsbrot, Honigklee.
Beschreibung: Mehrjährige Pflanze mit 25–40 cm hohen, verzweigten, behaarten Stängeln, dreiteilige Blätter; die Blüten sind rot–lilafarbene, vielblütige runde Köpfchen.
Standort: Wiesen, Wegränder, lichte Wälder.
Inhaltsstoffe: Ätherisches Öl, Gerbstoffe, Vitamin C, Provitamin A, Flavonoide, Vitamin E, Glycoside, Phytoöstrogen.
Sammelzeit: Mai–September

Eine Seltenheit ist das vierblättrige Kleeblatt. Heute noch ist es an Silvester das Symbol für Glück und Gesundheit im neuen Jahr.
Rotklee enthält das hochwirksame Phytoöstrogen. Dieser Inhaltsstoff lindert allgemeine Alters- und Wechseljahresbeschwerden. Auch zur Vorbeugung von Gefäßerkrankungen ist er bewährt.
In der Volksmedizin gebrauchte man den Tee aus den getrockneten Rotkleeblüten als Abführmittel und als Umschlag bei Rheuma und Gicht.
In der Küche kann man die Blüten und die Blätter verwenden. Die Rotkleeblüten sollten schon früh am Morgen gesammelt werden, noch vor den Hummeln, damit sie noch genug Nektar enthalten. Wegen dieses Nektars saugen Kinder gerne an den Blüten, die süß und nussig schmecken.
Das Sprichwort „jemanden über den grünen Klee loben" für ein nicht ganz ehrliches, übertriebenes Lob, stammt aus der Zeit, als die Gräber noch ausschließlich mit Klee bepflanzt wurden – über Tote darf man nichts Schlechtes sagen.
Bei den Kelten gab es einen Schönheitsbrauch zu Beltane: Wenn man sich am 1. Mai im Morgengrauen in einem Kleefeld wälzt, soll man schöner werden.

Die Verwendungsmöglichkeiten des Rotklees stellen wir Ihnen auf den folgenden Seiten mit Rezepten für Obstsalat mit Klee, Wiesensuppe mit Klee und Sauerampfer, Pasta mit gratinierten Rotkleeblüten und Klee-Carbonara vor. Weitere Rezepte mit Rotklee finden Sie auf den Seiten 49 (Blumenstraußsalat) und 57 (Unkrautpfannkuchen).

Sieht super aus und schmeckt auch so: Obstsalat aus Pfirsich, Orange und Melone, serviert mit Rotklee.

Obstsalat mit Klee

1/4 Melone
1 Apfel
1 Pfirsich
1 Orange
1 Hand voll Rotkleeblüten
1 EL Orangensaft
2 EL Honig

Alle Früchte waschen und mundgerecht zerkleinern. Den Orangensaft mit dem Honig vermischen und darüberträufeln. Den Salat bis zum Servieren durchziehen lassen. Die Kleeblüten über den Obstsalat streuen.

Wiesensuppe mit Klee und Sauerampfer

1 l Gemüsebrühe
200 g Suppengemüse
800 g Kartoffeln
2 Zwiebeln
100 g Sauerampfer
100 g Kleeblätter
3 EL Sahne
Salz
Pfeffer

Gemüsebrühe zum Kochen bringen. Suppengemüse, geschälte und gewaschene Kartoffeln und Zwiebeln klein schneiden. Das Gemüse in die Brühe geben und gar kochen. Eventuell pürieren. Den Sauerampfer und die Kleeblätter klein schneiden, in die heiße Suppe geben und ca. 10 Minuten darin garen lassen, nicht kochen. Nun die Sahne hinzufügen und mit Salz und Pfeffer abschmecken.

Pasta mit gratinierten Rotkleeblüten

400 g dünne Bandnudeln
200 g gekochter Schinken
50 g Kleeblätter
100 g Butter
20-25 junge Rotkleeblüten
125 g Emmentaler, gerieben
150 g Crème fraîche
100 ml Weißwein
1 Ei
Muskatnuss, Salz, Pfeffer
2 EL Semmelbrösel, 2 EL geriebene Mandeln

Die Nudeln al dente kochen. Schinken würfeln und Kleeblätter klein schneiden. Die heißen Nudeln mit 50 g Butter und den Kleeblättern mischen und in eine Auflaufform geben. Rotkleeblüten gleichmäßig auf den Nudeln verteilen. Den geriebenen Emmentaler, Crème fraîche, Weißwein und Ei verquirlen, mit Salz, Pfeffer und Muskatnuss würzen und über die Nudeln geben. Semmelbrösel und geriebene Mandeln darüberstreuen und die restliche Butter in Flöckchen darauf verteilen. Bei 200 Grad (Gas Stufe 3-4, Umluft 180 Grad) im vorgeheizten Backofen ca. 20 Minuten backen.

Klee-Carbonara

400 g Spaghetti
20 Rotkleeblüten
100 g durchwachsener Speck
2 Knoblauchzehen
3 EL Sahne
3 Eier
100 g Parmesan
2 EL Öl
Salz, Pfeffer

Spaghetti in Salzwasser al dente kochen, abgießen und warm halten. In der Zwischenzeit die Rotkleeblütenblätter abzupfen und beiseite stellen. Den Speck in Würfel schneiden, die Knoblauchzehen fein hacken und beides in einem großen Topf in dem Öl anbraten. Eier und Sahne verquirlen und die Hälfte des Käses sowie den Rotklee unterrühren. Die Spaghetti zu der Speck-Öl-Masse dazugeben und gut durchmischen. Den Topf vom Herd nehmen, Eiermasse hinzufügen und schnell unterrühren; die Sauce soll schön cremig sein. Mit Salz und Pfeffer würzen und den übrigen Käse dazu servieren.

Ein Kräuterwanderweg und drei Kräuterhexen

Die Siefersheimer Kräuterhexen (Christine Moebus, Karin Mannsdörfer und Christine Werner) haben ihre Kräuterausbildung im Dienstleistungszentrum Ländlicher Raum in Oppenheim absolviert. Dort erlernten sie die Grundlagen der modernen Kräuterkunde und erhielten ein offizielles Ausbildungszertifikat. Seitdem betreuen sie den Siefersheimer Kräuterwanderweg. Dieser vom Landesministerium für Wirtschaft, Verkehr, Landwirtschaft und Weinbau geförderte Kräuterweg liegt im Herzen der Rheinhessischen Schweiz. Auf ihm können die vielfältigsten Heil- und Küchenkräuter entdeckt werden. Die naturbelassenen Wege führen nicht nur zu der 35 Millionen Jahre alten Siefersheimer Brandungsküste, sondern auch zu unter Naturschutz stehendem Trockenrasen. In diesem landschaftlich einzigartigen Kräuterparadies erzählen die Siefersheimer Kräuterhexen von der Mystik eines fast verlorenen Kräuterwissens: Anekdoten, Heilwirkungen, Rezepte. Und am Ende der Wanderung gibt es auf Wunsch ein Wildkräuteressen.
Weiterhin bieten sie Seminare in Zusammenarbeit mit Volkshochschulen, mittelalterliche Kräutertafeln, spezielle Angebote für Gruppenausflüge u.v.a.m. an.
Von April bis August findet an jedem 1. Sonntag im Monat eine Kräuterführung auf dem Siefersheimer Kräuterlehrpfad statt (Dauer ca. 2 Stunden).
Treffpunkt: Siefersheimer Dorfmitte, 10.30 Uhr.

Weitere Informationen und einen Terminkalender gibt es unter der Telefonnummer 06703/665 oder 06703/1092 oder unter www.kraeuter-hexen.de.

SIEFERSHEIMER KRÄUTERHEXEN